穿越百年中国梦

吕章申题 [印]

国家出版基金项目
NATIONAL PUBLICATION FOUNDATION

顾　问：吕章申
主　编：陈履生
副主编：白云涛

穿越百年中国梦

井冈风雷

写给孩子的党史学习教育读本

项朝晖◎著

SPM
南方出版传媒
新世纪出版社
·广州·

图书在版编目（CIP）数据

井冈风雷 / 项朝晖著 . — 广州：新世纪出版社，2017.12
（2021.12 重印）
（穿越百年中国梦 / 陈履生主编）
ISBN 978-7-5583-0999-1

Ⅰ.①井… Ⅱ.①项… Ⅲ.①井冈山革命根据地—少年读
物 Ⅳ.① K269.409

中国版本图书馆 CIP 数据核字（2017）第 296901 号

出 版 人：陈少波　　　　　　　策　　划：宁　伟
责任编辑：吴玉珺　　　　　　　特约编辑：耿　谦
排版设计：大有图文　　　　　　责任校对：陈　雪

井冈风雷 JINGGANG FENLEI

项朝晖 / 著

出版发行：新世纪出版社
　　　　　（广州市大沙头四马路 10 号）
经　　销：全国新华书店
印　　刷：天津画中画印刷有限公司
规　　格：880mm × 1230mm　1/32
印　　张：4
字　　数：58 千字
版　　次：2017 年 12 月第 1 版
印　　次：2021 年 12 月第 5 次印刷
书　　号：ISBN 978-7-5583-0999-1
定　　价：22.50 元

如发现印装质量问题，影响阅读，请联系调换。
北京广版新世纪文化传媒有限公司
销售热线：010-65545429

[书中图片由中国国家博物馆提供]

目　录

contents

《穿越百年中国梦》总序

　　2012 年 11 月 29 日，党的十八大闭幕刚刚半个月，习近平总书记率领新一届中央政治局常委和中央书记处的同志，来到中国国家博物馆参观《复兴之路》基本陈列。

　　那天上午，习总书记一行轻车简从，9 时许来到国家博物馆，进入《复兴之路》展厅参观。一件件实物，一幅幅照片，一张张图表，一段段视频，把我们带回到近代以来跌宕起伏、波澜壮阔的难忘岁月。在 19 世纪末列强割占领土、设立租借地、划分势力范围示意图前，在鸦片战争期间虎门抗英的大炮前，在反映辛亥革命的文物和照片前，在《共产党宣言》第一个中文全译本前，在中华人民共和国第一面五星红旗前，在党的十一届三中全会照片前，习总书记不时停下脚步，认真观看，详细询问相关历史背景和文物情况。

　　在参观期间，习总书记发表了重要讲话。他说：《复兴之路》这个展览，回顾了中华民族的昨天，展示了中华民族的今天，宣示了中华民族的明天。中华民族的昨天，正可谓"雄关

漫道真如铁"。近代以后，中华民族遭受的苦难之重，付出的牺牲之大，在世界历史上都是罕见的。但是，中国人民从不屈服，不断奋起抗争，终于掌握了自己的命运，开始了建设自己国家的伟大进程，充分展示了以爱国主义为核心的伟大民族精神。中华民族的今天，正可谓"人间正道是沧桑"。改革开放以来，我们总结历史经验，不断艰辛探索，终于找到了实现中华民族伟大复兴的正确道路，取得了举世瞩目的成就。中华民族的明天，可以说是"长风破浪会有时"。经过鸦片战争以来170多年的持续奋斗，中华民族伟大复兴展现出光明的前景。现在，我们比历史上任何时期都更接近中华民族伟大复兴的目标，比历史上任何时期都更有信心、有能力实现这个目标。讲到这里，总书记环顾大家，深情阐述"中国梦"。他说："现在大家都在讨论中国梦，何谓中国梦？我以为，实现中华民族的伟大复兴，就是中华民族近代以来最伟大的中国梦。这个梦想，凝聚了几代中国人的夙愿，体现了中华民族和中国人民的

整体利益，是每一个中华儿女的共同期盼。实现中华民族伟大复兴是一项光荣而艰巨的事业，需要一代又一代中国人共同为之努力。我坚信，到中国共产党成立一百年时全面建成小康社会的目标一定能实现，到新中国成立一百年时建成富强民主文明和谐的社会主义现代化国家的目标一定能实现。我更坚信，中华民族伟大复兴的梦想一定能实现！"

我有幸全程陪同习总书记参观，为总书记一行讲解展览，并现场聆听习总书记关于"中国梦"的重要讲话，感受颇深，终生难忘。习总书记提出实现中华民族伟大复兴的"中国梦"，是时代的最强音，凝聚了全球中华儿女的心，成为激励中华儿女团结奋进，实现中华民族伟大复兴的一面精神旗帜。

《复兴之路》基本陈列回顾了1840年鸦片战争以来一百多年间，陷入半殖民地半封建社会深渊的中国各阶层人民，在屈辱和苦难中奋起抗争，为实现民族复兴进行的种种探索，特别是中国共产党领导各族人民争取民族独立、人民解放、国家富强、人民幸福的光辉历程。习总书记参观《复兴之路》并提出实现中华民族伟大复兴的中国梦命题后，中央国家机关、部队、企事业单位、社区街道、社会团体、学校等纷纷来到中国国家博物馆，沿着习总书记的足迹，参观《复兴之路》展览。《复兴之路》展览成为爱国主义教育的重要课堂。

2014年，习总书记在有关讲话和批示中指出，历史是最

好的教科书，博物馆要让文物活起来，让文物说话，把历史智慧告诉人们，激发民族自豪感，坚定全体人民振兴中华、实现中国梦的信心和决心。中国国家博物馆和广东新世纪出版社有限公司落实习总书记的指示，以《复兴之路》基本陈列为基础，经过三年多艰苦工作，编写和出版了这套《穿越百年中国梦》丛书。组织和参与编写这套丛书的同志，大多数参加了《复兴之路》内容设计和布展工作，有的还现场聆听了习总书记关于"中国梦"的重要讲话。他们对《复兴之路》基本陈列不但理解深刻，而且怀有深厚感情。

习总书记指出：中国梦归根到底是人民的梦。有梦想，有机会，有奋斗，一切美好的东西都能够创造出来。习总书记希望广大青少年要勇敢肩负起时代赋予的重任，志存高远，脚踏实地，努力在实现中华民族伟大复兴的中国梦的生动实践中放飞青春梦想。

我相信，在中国共产党即将迎来百年华诞这个重大历史时刻，这套丛书的重印出版，对广大青少年牢记习总书记"不忘初心"的嘱托，更好地开展党史学习教育，增强实现中华民族伟大复兴中国梦的责任感，一定会起到促进作用。

吕章申

前　言

中国现代史学会会长　郭德宏

中华民族是一个有着自己梦想，特别是美好社会理想的民族。

两千多年前，我们的古圣先贤，就有"小康"和"大同"的社会理想。那时的"小康"理想，就是家家丰衣足食，人人遵守礼仪，互相谦让。那时的"大同"理想，就是天下人如同一家人，家家幸福，人人愉快，"路不拾遗，夜不闭户"。由于历代封建统治者都不代表广大的人民群众利益，古圣先贤的"小康"和"大同"社会理想都没有实现。

勤劳智慧的中国人民，创造了光辉灿烂的古代文明：强盛的汉代，繁荣的唐代，辽阔的元代，清初的盛世。那时，与世界上其他大多数国家和地区相比，中国富饶、强盛、文明、进步。用现代语言表述，那时的中国是"发达国家"，其他那些国家和地区则是"发展中国家"。然而，由于帝国主义入侵和封建主义统治腐败，中国落后了。从 1840 年鸦片战争中国战败到 19 世纪末，中国逐渐沦为半殖民地半封建社会，陷入将要亡国灭种的深渊。

从 1840 年鸦片战争开始，当时一些思想先进的中国人就寻求救国救民之道。林则徐、魏源开眼看世界，地主阶级的洋务运动，资产阶级维新派的戊戌变法，都试图在不根本触动封建统治的前提下富国强兵，但是都失败了。1894 年孙中山创立革命团体兴中会，首次提出"振兴中华"口号。1902年康有为完成《大同书》的写作，期望中国实现古圣先贤所憧憬的大同世界。1902年梁启超发表《新中国未来记》，1904年蔡元培发表《新年梦》，都憧憬中华复兴，雄立世界。近代以来，每一个中国人都满怀着复兴中国、振兴中华的梦想。但在半殖民地半封建社会的旧中国，中国人民的这一梦想不但没有实现，反而遭受着越来越严重的民族苦难。

1921年，伟大的中国共产党成立，超越古圣先贤"小康"和"大同"的社会理想，提出了夺取反帝反封建胜利、建立人民当家做主政权、最终实现人类最美好最理想的共产主义社会的奋斗目标。中国共产党肩负起民族独立、人民解放的历史重任，领导中国人民，经过浴血奋战，于1949年建立了人民当家做主的中华人民共和国。新中国成立，是中华民族由衰落走向强盛的历史转折点，开启了中华民族伟大复兴的新纪元。

中华人民共和国成立后，毛泽东、周恩来等老一辈革命家，领导全国各族人民为实现国家富强、人民共同富裕的新的历史任务而奋斗。在党的领导下，中国确立了社会主义基本制度，成功实现中国历史上最伟大最深刻的社会变革，为中华民族的伟大复兴奠定了制度基础。与此同时，中国共产党领导全国人民进行大规模经济建设和文化建设，取得了旧中国几百年几千年所没有取得的成就，为实现中华民族伟大复兴奠定了基本的物质基础。

1978年改革开放以来，以邓小平、江泽民、胡锦涛同志为主要代表的中国共产党人，全面推进社会主义现代化建设。神州大地，生机勃发。2010年，中国GDP（国内生产总值）上升至34万亿元人民币，成为仅次于美国的世界第二大经济体，并一直保持至今。伴随着各方面的迅猛发展，中国迅速走向繁荣，国际地位不断提高，国际影响日益扩大。中国步入世界强国之列，为实现中华民族伟大复兴创造了现实条件。

2012年11月29日，习近平总书记率领新一届中央政治局常委和中央书记处的同志参观中国国家博物馆《复兴之路》基本陈列。习总书记在这里向全世界宣示"中国梦"，重申"两个一百年奋斗目标"，既是中国共产党对全国人民的郑重承诺，是党和国家面向未来的政治宣言，也是中华民族伟大复兴的总动员。中国的伟大发展，又一次站在新的历史起点上；中华民族的伟大复兴，揭开了历史新篇章。

以习近平同志为核心的党中央，"不负重托，不辱使命"，在实现中华民族伟大复兴中国梦的推动下，国民经济继续稳步发展，中国的国际地位更加提高，国际影响力更加扩大。我们现在比历史上的任何时期都更加接近中华民族伟大复兴这个目标，我们现在比历史上任何时期都有信心、有能力实现这个目标。

中国梦连接着过去与现在、历史与未来，连接着国家与个人、中国与世界。拥有五千多年文明历史的中华民族，曾经创造了辉煌的古代文明，走在世界前列，为人类社会发展做出了巨大的贡献。今天，中华民族的伟大复兴，不仅造福中国人民，而且造福世界人民。已经步入世界发展中大国的中国，理应承担起大国责任，对人类社会的发展进步，做出更大的贡献。

《穿越百年中国梦》丛书回顾了 1840 年鸦片战争以来一百多年间，陷入半殖民地半封建社会深渊的中国各阶层人民，在屈辱和苦难中奋起抗争，为实现民族复兴进行的种种探索，特别是回顾了中国共产党领导全国各族人民争取民族独立、人民解放、国家富强、人民幸福的光辉历程。这套丛书深刻揭示了历史和人民为什么和怎样选择了马克思主义，选择了中国共产党，选择了社会主义道路，选择了改革开放；深刻揭示了历史和人民为什么必须始终坚持高举中国特色社会主义伟大旗帜不动摇，坚持中国特色社会主义道路不动摇；昭示出没有共产党就没有新中国，就没有中国特色社会主义，只有社会主义才能救中国，只有改革开放才能发展中国、发展社会主义、发展马克思主义。

我相信，这套丛书的出版，能够使广大青少年读者更加深入地了解中华民族近代以来反对外来侵略史、人民解放的抗争史，了解中国共产党领导全国各族人民为中华民族伟大复兴而奋斗的创业史和改革开放史，为实现国家富强、民族振兴、人民幸福的中华民族伟大复兴的中国梦，夺取新时代中国特色社会主义伟大胜利，提供令人振奋的精神动力。

郭德宏

　　1927 年，轰轰烈烈的大革命失败后，以毛泽东、朱德等为代表的一批共产党人用他们的勇气和智慧、鲜血与生命，率领湘赣边界军民在罗霄山脉中段——井冈山地区，创建了中国第一个农村革命根据地，缔造了中国

井冈风雷

第一支新型的人民军队，建立了中国农村的第一个红色政权，总结出了中国第一套人民战争的战略战术，开展了中国第一次土地革命运动，开辟了一条"以农村包围城市，武装夺取全国政权"的革命道路。

第一章

把革命进行到底

VR融媒党史云课堂
党史学习就在我身边

1. 南昌起义

对中国共产党及其领导的革命力量来说，1927 年可谓命运多舛，磨难重重。当年 4 月 12 日，蒋介石悍然发动了"四一二"反革命政变；7 月 15 日，汪精卫也在武汉召开"分共"会议，宣布与中国共产党决裂。蒋介石、汪精卫两大反动集团合流，彻底背叛孙中山先生制定的国共合作政策，大肆逮捕、屠杀共产党员和革命群众，30 余万人先后倒在血泊中。

一时间，到处血雨腥风，共产党员和革命群众处于白色恐怖之中。一些不坚定的共产党员，在反革命的高压下，有的声明脱党，有的自首叛变，近6万名共产党员迅速锐减至1万多名，工会会员也由300多万人锐减至几万人。反革命势力大大超过革命力量，全国革命由高潮转入低潮，国共两党合作发起的大革命宣告失败。

值此紧要关头，中共中央及时召开了紧急会议，总结了大革命失败的教训，纠正了陈独秀的右倾退让错误，决定把共产党掌握的部队集中到江西南昌，在南昌发动武装暴动。会议决定，由周恩来、李立三、恽代英、彭湃组成前敌委员会，以周恩来为书记，领导这次起义。

南昌起义的主力是共产党所能掌握和影响的国民革命军第二方面军的一部分，主要是叶挺任师长的第十一军二十四师，贺龙任军长的暂编第二十军，以及朱德率领的第三军军官教育团部分学员，共2万余人。

与此同时，敌人也加紧了"清党"活动。汪精卫政府惺惺作态，一边通知叶挺、贺龙到庐山开会，一边命令二人指挥的部队到德安集中，妄图在庐山会议上扣留他们，解除其兵权。这一绝密情报被我党秘密党员、第二方面军第四军参谋长叶剑英探知，紧急情况下，他连

江西大旅社，南昌起义纪念馆旧址

夜从庐山赶到九江，将情况告知叶挺，并以到甘棠湖划船的名义，约贺龙等人商议对策。他们在甘棠湖的小筏子上迅速做出了决定：叶挺、贺龙不上庐山；不接受调部队到德安集中的命令，部队立即开往南昌。

7月27日，周恩来抵达南昌，在江西大旅社成立前敌委员会，任命贺龙为第二方面军代总指挥，叶挺为前敌代总指挥。经过多次商议，前委会最终决定在8月

1日凌晨4时发动武装起义。31日晚上9时左右，由于第二十军的一个副营长投敌告密，前委会当即决定：提前两小时起义！

31日午夜刚过，随着起义总指挥部一声令下，一声枪响划破了寂静的夜空，震惊全国的南昌起义爆发了。将士们个个如下山猛虎，奋勇前行，战斗进行得异常激烈。由于天黑人多，为区分敌我，起义军战士除领系红布条外都手臂加扎白毛巾，马灯和手电筒的玻璃上也都贴上红十字。两路部队相遇，首先要询问当晚的起义口令——"河山统一"。

激烈的战斗持续了4个小时。叶挺指挥部队消灭了天主堂、贡院、新营房等处的敌人，占领了敌人的修械所和弹药库，将红旗插上了敌人卫戍司令部的楼顶；贺龙的部队消灭了大营房的敌人和省政府的守卫部队；朱德率领教育团一个营协同友军作战，歼灭了驻地附近的敌人。三支队伍全歼守敌3 000余人，占领了南昌城。

尽管这次武装起义最后在敌人的疯狂反扑下失败了，但部分起义军在朱德带领下，辗转北上井冈山，为日后

油画《南昌起义》，黎冰鸿 1959 年作

中国工农红军的发展奠定了基础。同时，南昌起义打响了武装反抗国民党反动派的第一枪，犹如一道划破夜空的闪电，使敌人震惊和恐惧，也给白色恐怖下的中国人民带来了光明和希望。

2. 秋收起义

南昌起义爆发后一星期，也就是 1927 年 8 月 7 日，中共中央在湖北汉口召开了紧急会议，史称八七会议。

由于当时环境极其险恶，会议只开了一天，但这次会议具有重要的历史意义。在会上，毛泽东总结了大革命失败的教训，并提出了"枪杆子里出政权"的重要思想。这次会议确立了一个重大决策，即在工农运动基础较好的湖南、湖北、广东和江西四省发动农民秋收起义。会后，毛泽东迅速赶回湖南，筹备秋收起义。

8 月 18 日，湖南省委在长沙市郊的沈家大屋举行会议，制订了以长沙为中心的暴动计划。在报请中央批准后，毛泽东随即前往江西安源做起义前的准备工作。

9 月初，毛泽东在安源的张家湾工人补习学校召开了部署秋收起义的军事会议，成立了秋收起义前敌委员会，毛泽东任前委会书记，卢德铭任起义总指挥。参加起义的武装力量被组建为工农革命军第一军第一师，师长余洒度，下辖 3 个团，分别从修水、安源、铜鼓向长沙挺进。

会后，毛泽东又匆匆赶往第三团驻地铜鼓。不料，在走到湖南浏阳和江西铜鼓交界的张家坊时，毛泽东被当地的地主民团抓住了。当时白色恐怖达到了极点，国民党叫嚣"宁可错杀一千，不可放过一人"，凡是被抓的共产党嫌疑分子都会被枪杀。在被押往民团总部去处死的路上，毛泽东急中生智，拿出身上带的钱财买通了押送的团丁，在距民团总部不远的地方找到了脱身的机会。他飞快地跑过田野，来到一个水塘边，见水塘周围长满茂密的

"八七会议"旧址

杂草，急忙躲到草丛中。追兵们在水塘边四处搜寻，有一两次几乎是在毛泽东的眼前走过，差一点就被发现了。

好不容易挨到天黑，民团团丁都走远了，毛泽东才从草丛中站起身来，连夜赶路。由于天黑，路又不熟，

他在忙乱中弄丢了鞋子，只好光着脚翻山越岭，双脚磨出了血泡，疼得厉害。第二天，在山上遇到一个农民，毛泽东与他交上了朋友，在新朋友的帮助下，买了一双鞋、一把伞和一些吃的，最终安全抵达了铜鼓。

9月9日，秋收起义爆发。在进攻过程中，因敌强我弱，工农革命军三路人马都伤亡惨重，从5 000多人

江西安源张家湾军事会议旧址

减员到 1 500 余人。在起义部队面临生死存亡的关键时刻，毛泽东果断放弃了原定的会攻长沙的计划，命令各路部队前往敌人统治力量薄弱、群众基础较好的文家市会合。

9 月 19 日，秋收起义部队在文家市会合，当晚，召

历史掌故

张家湾军事会议

1927 年 9 月 1 日下午，毛泽东在中共株洲镇委宣传委员、株萍铁路总工会委员长朱少连的陪同下到达安源，与中共安源市委接上联系。2 日下午，毛泽东在安源的张家湾工人补习学校主持召开了军事会议，参加会议的除中共安源市委书记蔡以忱、前特区委书记宁迪卿、前地委宣传部长杨骏外，还有奉命赶到的中共浏阳县委书记、浏阳农军负责人潘心源，以及赣西农民自卫军总指挥兼安福县农军负责人王新亚等。会议布置了湘赣边界秋收暴动的具体细节，并对起义部队的退路做了考虑。在讨论这一问题时，王新亚提出，如果打不赢可以跑到赣西的宁冈去，那儿有他的两个老庚（同年生的结交朋友），一个是袁文才，一个是王佐，他们那儿能住下千军万马。这在毛泽东的头脑里留下了深刻的印象。

开了前敌委员会会议。
在部队往何处去的问
题上，会上出现了不
同意见。师长余洒度
仍主张攻打长沙，毛
泽东则坚决反对，主
张起义军应向南转移
到敌人统治力量薄弱
的山区和农村，以保
存革命力量，再图发

秋收起义时期的毛泽东

展。毛泽东在困境中做出的正确决断，得到了以总指挥
卢德铭为首的绝大多数人的赞同，前敌委员会在经过一
夜的讨论后，决定起义部队向萍乡撤退。

　　第二天清晨，毛泽东在队伍出发前为大家鼓气，他
说："中国革命没有枪杆子不行。这次秋收起义，虽然
受了挫折，但算不了什么！胜败乃兵家常事。我们的
武装斗争才刚刚开始，万事开头难，干革命就不要怕困
难。只要我们团结一致，继续勇敢地战斗，胜利是一定

属于我们的。"他还打了一个比喻：我们现在好比一块小石头，蒋介石反动派好比一口大水缸，但总有一天，我们这块小石头，一定要打烂蒋介石那口大水缸！这个生动形象的比喻，大大鼓舞了刚刚受到严重挫折的起义军士气。

"退兵萍乡"的决策，开启了我党武装斗争从城市转向农村的伟大转折，具有重大的历史意义。这段历史，毛泽东在《西江月·秋收起义》一诗中做了生动形象的记录：

军叫工农革命，旗号镰刀斧头。

匡庐一带不停留，要向潇湘直进。

地主重重压迫，农民个个同仇。

秋收时节暮云愁，霹雳一声暴动。

3. 平江起义

平江是湖南东部一座偏远的县城，坐落在巍峨苍翠的幕阜山下，城南有奔腾不息的汨罗江穿过。早在大革命时期，平江地区的共产党就领导工农群众展开了轰轰烈烈的反帝、反封建斗争。"马日事变"后，平江工农义勇军参加了秋收起义，随毛泽东上了井冈山。1928年3月，平江人民在党组织的领导下，开展了声势浩大的"扑城"战斗。

为镇压平江工农革命，反动军阀何键迅速调集原国民革命军周磐的独立第五师开赴平江。6月中旬，彭德怀任团长的独立第五师第一团进驻平江。

彭德怀是湖南湘潭人，出身很苦，讨过饭，给地主放过牛，当过煤窑工，在洞庭湖上做过挑夫。投奔湘军后，暗中杀过土豪劣绅，读过毛泽东的文章，思想进步，同情革命。1928年1月任团长后，面对大革命失败后的白色恐怖，他毅然选择了革命道路，秘密加入了中国共产党。

这次进驻平江后，彭德怀与团里的秘密党员一起组织了"秘密士委会"，着手准备起义工作。不料，有叛徒供出了黄公略等人的共产党员身份，师长周磐命令彭德怀逮捕这些共产党人。

情况十分紧急，彭德怀当即赶到平江县立医院，与中共湖南省委派来平江策划暴动的滕代远商议，决定以闹饷为掩护，于 7 月 22 日下午组织一团举行武装起义。随后，彭德怀一边巧妙与上司周旋，一边加紧部署起义，并与三团三营营长黄公略、随营学校负责人贺国中等人联系，要他们率领队伍配合起义。

22 日上午，彭德怀召开了一团排以上军官会议，进行了武装起义前的紧急动员。会上，彭德怀慷慨激昂地历数国民党反动派的罪恶，解除了 10 余名不执行命令的

天岳书院旧址

下级军官的职务，为起义扫除了障碍。11 时，彭德怀在平江县城中天岳书院前召开了全团官兵的誓师大会。下午 1 时，起义打响。

霎时间，随着密集的枪炮声和高昂的喊杀声，城内城外，街头巷尾，敌人尸横狼藉，污血遍地。起义官兵群情激愤，一鼓作气，攻进了县政府，活捉了伪县长刘作柱；捣毁了团防局，击毙了清乡队队长；砸烂了监狱，释放了 800 多名共产党员和革命群众。平江城头高高飘扬起绣着镰刀、斧头的红旗，平江起义胜利了！

随后，黄公略率领第三团三营的起义官兵、贺国中率领的随营学校 100 多名学员也赶到平江，与彭德怀的起义部队会合。第二天，参加起义的官兵在天岳书院前的广场上，举行了中国工农红军第五军成立大会，当宣布彭德怀同志任红五军军长、滕代远同志任红五军党代表时，会场上顿时爆发出一阵阵热烈的掌声。

接着，红五军的官兵和当地群众一起，召开了公审大会，处决了长期以来骑在平江人民头上作威作福的伪县长刘作柱和一批罪大恶极的土豪劣绅，宣布成立平江县苏维埃政府，选出了政府委员，颁布了施政大纲。

一连几天，红五军驻地人来人往，十分热闹：有人

历史掌故

马日事变

北伐期间，湖南工农运动的迅猛发展，引起了湖南的土豪劣绅、地主、资本家、国民党右派分子和一些反动军官的恐惧与仇视。1927年5月21日晚，驻守长沙的三十五军第三十三团团长许克祥，率兵1000多人发动反革命政变，对革命党和工农群众发动了突然袭击。长沙城顿时火光冲天，枪声四起，在一片白色恐怖中，反动军队向国民党省党部，省、市总工会，农民自卫军总部，省党校，特别法庭等机关、团体以及工人纠察队发起进攻，夺取工人纠察队、农民自卫军的枪支，放走了关押在监狱里的土豪劣绅等犯罪分子，撕毁了"拥护武汉国民政府""打倒蒋介石""铲除土豪劣绅"的标语，代之以各式各样的反动标语。共产党员、国民党左派及工农群众百余人被杀害。事变后，许克祥与国民党右派组织了"中国国民党湖南省救党委员会"，继续疯狂屠杀共产党人和革命群众，湖南的大革命从此由高潮走向低潮。因21日属于当时的电报纪日方法中的"马"日，故称这次事变为"马日事变"。

从几十里外的乡村抬着酒，挑着肉，喜气洋洋地前来慰劳红五军；有人排着队，积极报名参加红五军；有人向红五军报告敌情，要求担任向导，去追击残敌，搜捕躲藏起来的反革命分子。

平江起义的胜利，推动了湘（湖南）、鄂（湖北）、赣（江西）交界地区的武装斗争。浏阳、醴陵、岳阳、通城、通山、崇阳、修水、铜鼓、万载等县纷纷响应，掀起了打土豪、分田地、建立苏维埃政权的运动。

平江起义的风暴，吓得国民党反动派惊恐万状。为扑灭这团熊熊烈火，国民党湖南省主席鲁迪平慌忙调集10多个团的兵力，围剿平江。在敌众我寡的情况下，为保存革命力量，彭德怀率领红五军放弃了平江城，在突破了敌人的重重防线后，于12月到达井冈山革命根据地，与毛泽东、朱德率领的红四军会师。这是继朱毛两军会师以后的又一次大会师，极大地增强了井冈山根据地的武装力量。

第二章

引兵井冈山

VR融媒党史云课堂
党史学习就在我身边

1. 三湾改编

1927年9月29日，毛泽东率领秋收起义的队伍辗转来到江西永新境内一个群山环抱的小村庄——三湾。

村里的老百姓一听说有军队来了，以为又是国民党的兵，早早地跑到山上躲了起来，村里只剩下一些走不动路的老人。工农革命军一进村就立刻行动起来，挨家挨户走访，帮老人家打扫院子、挑水，并反复给他们讲解："我们是人民的队伍，是替咱们穷人办事的，不要怕……"群众见这支队伍确实与以往的部队不同，不仅不打骂老百姓，还帮助老百姓干活，态度和蔼可亲，于是逐

人物故事

卢德铭 卢德铭是黄埔军校第二期毕业生，四川宜宾人，1925年加入中国共产党。北伐战争期间，卢德铭在叶挺独立团任连长、营长，独立团改编后任该团参谋长。秋收起义爆发后，卢德铭从武汉向中央请示工作回来，赶上了部队，担任工农革命军总指挥。
1927年9月22日，工农革命军在萍乡芦溪遭江西敌军朱培德部两个团以及地主武装的伏击。在毛泽东、卢德铭的指挥下，部队冲出了敌人的包围，但损失数百人，卢德铭也在这次战斗中壮烈牺牲。

渐地与部队接近了。藏在山里的老乡也很快回来了。

秋收起义的部队从文家市退兵后，在芦溪曾遭到敌人的伏击，总指挥卢德铭牺牲了，部队减员到不足千人。士兵情绪因此十分低落，一路上开小差逃跑变成了公开的事，到达三湾时，起义部队就只剩七八百人了。人员减少了，编制还很大，毛泽东决定趁在三湾休整之机，对部队进行了改编。

在三湾村的泰和祥杂货铺，毛泽东主持召开了一次会议，会议的主要议题就是改编工农革命军。会议通过了3项决定，对后来人民军队的建设产生了深远的影响。

改编首先是将原来的一个师缩编为一个团，改称工农革命军第一师第一团，团下面设2个营，任命了新的指挥员。改编时，根据自愿原则，愿意留的留下，不愿留的，则根据路途远近发给3～5元的路费。改编后，部队只剩700人左右，人员虽少了，队伍却精干了，留下的大都是大浪淘沙后的精英。

三湾枫树坪

第二是把党的支部建立到连队上，从而确定了党对军队的绝对领导。改编前，党的组织只设在团部，军队的基层组织没有党的组织。改编后，班有小组，连有支部，营团有党委，连以上设立党代表，专门做士兵的政治思想工作，指导士兵开展群众工作。这一制度建立后，连队似乎立刻有了灵魂，各种工作迅速开展起来，通过党员和连内广大士兵密切联系，了解他们的思想，解除他们的顾虑，同时注意培养革命意志坚定、思想进步的士兵，发展他们入党。就这样，连里的政治空气逐渐浓厚，党员数量逐渐增多，支部真正成为连队的核心和堡垒。

第三是在军队内部实行民主制度，连以上单位成立士兵委员会。当时工农革命军的军官大多是从旧军队过来的，残存的旧军阀习气较为严重，随意打骂士兵，侮辱士兵，官兵待遇不平等现象时有发生，这些在部队的军官和士兵间筑起了一道无形的墙，严重影响了官兵团结，影响了战斗力。连队成立了士兵委员会后，赋予了士兵委员会很大的权利，军官要接受士兵委员会的监督。军官做错了事，要受到士兵委员会的批判，甚至制裁。

这种政治上官兵平等、待遇上官兵一致的做法，很好地解决了人民军队的官兵关系，使人们明白打仗绝不单靠武器和技术，还要靠人的觉悟和革命精神，靠官兵一致，靠上下一心。

三湾改编是毛泽东改造旧式军队的一次大胆而成功的尝试，它保证了党对军队的绝对领导，为建设一支拖不垮、打不烂的新型的人民军队奠定了坚实基础。

2. 古城会议

宁冈古城，旧称升乡，它左边临河，右边靠山，原是宁冈古县城所在地，古县城后来被毁，这里便成了一个仅有百余户人家的小集镇。一条石板路贯穿小镇，路旁高矮不一的房子鳞次栉比，显得又挤又小。所以当地有这样一首民谣："小小宁冈县，三家豆腐店，城内打个屁，城外听得见。"

1927年10月3日，毛泽东率领改编后的工农革命军从三湾的枫树坪，向宁冈古城进发。中午时分，部队到达古城，受到了当地党组织和穷苦百姓的热烈欢迎。工农革命军团部设在了位于古城中央的联奎书院中厅——文昌宫。

为总结秋收起义以来的经验教训，确定工农革命军的落脚点等紧迫问题，毛泽东决定在古城召开一次前敌委员会扩大会议，也就是有名的"古城会议"。会议从3日晚上开到了5日，参加会议的有前敌委员会委员、工农革命军营以上干部、宁冈党组织负责人，以及当地农民自卫军首领袁文才的代表等40余人。

毛泽东主持了这次会议。会上，他总结了秋收起义失败的原因，主要是兵力太分散，不应该用1个团打1个县，而应该南北配合，将3个团集中到修水、铜鼓之间，攻打浏阳。同时他也指出秋收起义虽然军事上失利了，但战略上并未失败，他鼓励大家要放下担子，轻装上阵。

随后，毛泽东又分析了在罗霄山脉中段（井冈山）建立革命根据地的有利条件。他认为，这一带在大革命时期是工农群众大大起来过的地方，曾有过大规模的农民运动，宁冈的革命派曾经赶跑过反动派的几任县长，发动过"保卫团起义"，建立了农民自卫军，成立了县政府，控制宁冈达一年之久。"马日事变"后，袁文才、王佐的革命部队各有 60 支枪，他们曾与莲花的农民自卫军一起，大战永新城，解救出在反革命白色恐怖中被关押的革命同志。同时，这里是自给自足的农业经济，盛产大米、油菜、竹木，可为军队提供后勤保障。这里山峦众多，可进可退，易于与敌人周旋。而且这里远离南昌、长沙、武汉等大城市，是反动势力统治最薄弱的地方。因此，罗霄山脉中段地区是建立革命根据地、进行长期

宁冈古城的联奎书院

的武装割据最理想的地方。

听完毛泽东鞭辟入里的分析，很多人都频频点头。但以余洒度为首的少部分人，对于要在宁冈建立农村革命根据地提出了反对意见。他们认为在山沟里建立根据地，不是革命，是落草为寇，是自取灭亡。经过充分讨论，毛泽东的主张最终得到了绝大多数人的赞同。

10月5日，会议继续讨论在宁冈安家的具体问题。当听到工农革命军要在宁冈茅坪安家时，袁文才派来的代表立即流露出不快的神色。他当即下了逐客令，表示可以接济工农革命军一些钱粮，但请革命军"另择高山"落脚。

毛泽东早有预料，他不慌不忙，耐心地向袁文才的代表晓以大义，陈述利弊，并在宁冈党组织负责人龙超清的帮助下，勉强说服了袁文才的代表，他表示要回去禀告袁文才后才能定夺。袁文才的代表离去后，有人提议，袁文才不讲义气，干脆用武力把他们解决掉。毛泽东表示反对。他说："我们对袁文才、王佐两部要以心换心，真诚相待，采取团结、教育的方针，不但不能火拼，还要和衷共济。"

古城会议是三湾改编会议的继续和发展。三湾改编解决了军队建设的问题，古城会议则初步确定了在农村建立革命根据地，开展"工农武装割据"的道路问题。

3. 安家井冈山

在古城会议上，毛泽东等人的主张虽然与袁文才的代表达成了初步一致，但工农革命军最终能否在井冈山安家，还得袁文才本人同意才行。毛泽东于是请宁冈县党组织负责人龙超清出面，向袁文才提出去其驻地茅坪拜访的要求。

龙超清赶到茅坪，转达了毛泽东的意思。袁文才颇为感动，他没想到毛泽东这样的"中央之才"，居然看得起自己这个"山大王"。他爽快地答应与毛泽东见面，并将会面地点安排在茅坪与古城之间的大苍村村民林风和家。

这个地点的选择大有深意：一、显示了袁文才礼重朋友、亲自出远门相会；二、阻挡了毛泽东等人进入袁文才的"老巢"窥探内情；三、可以试探毛泽东是否真心实意，是否有吞并之意。

事实真相

袁文才的代表

　　部队到达三湾时，毛泽东派人给袁文才送了一封信。对于这支外来部队，袁文才保持着高度警觉，他召集龙超清和其他主要头目商量对策。袁文才的司书陈慕平曾经在武昌农民运动讲习所听过毛泽东讲课，就向与会人员介绍了毛泽东的情况。袁文才、龙超清最后认为：毛泽东是党内同志，也就是自己人，既然来了信，就理应去接头。会议决定派龙超清和陈慕平等3人为代表，去三湾见毛泽东。随龙超清等人一同前往的还有袁文才的一封亲笔信："毛委员：敝地民贫山瘠，犹汪池难容巨鲸，片林不栖大鹏，贵军驰骋革命，应另择坦途。敬礼，袁文才叩首。"毛泽东看了信后，不动声色，向3位来使反复说明了革命军上山的主张，表示愿意和袁文才部合作，一同开展革命斗争，并送给他们3支枪。龙超清遂表示欢迎革命军进驻宁冈。随后，毛泽东率部进驻离三湾30里地的古城，召开了"古城会议"，确定了团结和改造袁文才、王佐部队的方针。龙超清参加了"古城会议"，并积极为毛泽东和袁文才会面穿针引线。袁文才这才答应在大苍村林风和家里同毛泽东见面。

大苍会见定在了 10 月 6 日。袁文才当时不了解毛泽东的部队，心里有点怕，一大早他就带人来到大苍，预先在林家祠堂里埋伏了 20 多个人，人人荷枪实弹。他自己领着几个手下在林家祠堂门口的石桥上等候毛泽东，在石桥上可以看得很远，如果发现毛泽东带兵来，便立即命令祠堂里的人准备战斗。没过多久，他看到毛泽东披着大衣，如约前来，随行的只有 6 个人、5 匹马，便高兴地迎上去，把他们直接带进林风和家。

井冈山

　　林家是大苍村的大户，有 3 栋房子，2 座门楼。当时正是佃户送租上门的日子，袁文才派人把住门楼，不许任何人进来，自己和毛泽东在林风和家的吊楼上，一边喝茶，吃瓜子、花生，一边谈话，中午还杀猪款待了毛泽东一行。他们相谈甚欢，从上午 10 点一直谈到太阳快要落山。离开时，毛泽东慷慨承诺送 100 支枪给袁文才。袁文才深受感动，彻底打消了疑虑，也答应赠送 1 000 银圆给工农革命军，并且表示工农革命军吃的粮食、伤病员的安置，都包在他身上。

　　大苍会面后，袁文才兴冲冲地回到茅坪，马上展开迎接工农革命军进驻茅坪的准备工作。他一边连夜派人下乡将全县各处公产、神产、族产的谷子收拢起来，运到茅坪，解决工农革命军的吃饭问题，一边动员茅坪一带的群众，腾房子、下门板、打地铺、垫稻草，以备部队住宿。袁文才的妻子谢梅香还为毛泽东准备了衣衫、布鞋，听说毛泽东有脚伤，细心的谢梅香还不忘提醒丈夫准备轿子。

　　回到古城后，毛泽东向部队传达了大苍会面的情况，并连夜安排了第二天去茅坪的行军路线，宣布了部队纪律和应当注意的事项。

10月7日一大早，袁文才先组织一部分农民自卫军到砻市，把毛泽东赠送的100条枪挑了回来。随后亲自带领30多人，抬着一乘睡椅轿子，往大苍方向迎接毛泽东。当袁文才一行到达大苍时，毛泽东的队伍已经到了。袁文才送上妻子准备好的衣服、鞋子给毛泽东，请他上轿。毛泽东则坚持不坐轿，不换衣服，只换上那双新布鞋，走在队伍的前面。

当部队开进茅坪时，茅坪群众在龙超清的指挥下，18杆抬铳一齐叩响，村头4个汉子把早已绑好的2头大肥猪架上长凳，以当地传统的最高礼节——杀猪欢迎。戏班子敲响锣鼓，吹起唢呐，老表们点燃鞭炮，热烈欢迎工农革命军的到来。

毛泽东在茅坪向当地老百姓和农民自卫军做了简短的讲话。他说：工农革命军是共产党领导的队伍，是专门为穷苦百姓打天下的，部队一路上历尽千辛万苦，今天来到了宁冈的茅坪，终于有了自己的落脚点。这个地

人物故事

袁文才 袁文才是客籍人，1898年生于宁冈县的马源村，家境比较富裕，在吉安上过初中。因与当地豪绅谢冠南结下怨仇，秘密加入了当地的绿林武装"马刀队"。后因其母惨遭豪绅杀害，袁文才被"逼上梁山"，公开参加了"马刀队"。由于袁文才念过书，有文化，会计谋，被委任为参谋长。不久，取代胡亚春成为"马刀队"首领。"马刀队"打着"杀富济贫"的旗号，频繁活动在宁冈、永新一带，在湘赣边界影响很大。1927年该队伍接受整编，参与创建井冈山革命根据地。1930年2月23日，袁文才被错杀。中华人民共和国成立后，冤案平反，袁文才被追认为革命烈士。

方很好，山高林密，地利人和，又有袁总指挥的帮助，我们一定要同袁总指挥和农民兄弟亲密合作，共创大业。

从这一天起，工农革命军正式在井冈山地区安下家来，开始走上毛泽东的以农村包围城市，最后夺取全国胜利的革命道路。

第三章

改造地方武装

VR融媒党史云课堂
党史学习就在我身边

1. 步云山练兵

　　袁文才领导的农民自卫军是当时活跃在井冈山地区的两支地方武装之一。他在大革命时期已接受了宁冈党组织的领导，加入了中国共产党。

　　工农革命军在井冈山安家后，毛泽东和前敌委员会决定对袁文才的部队进行改造，把这支自由散漫的农民武装改造成懂政治、会打仗、有远大革命目标的革命队伍。

　　当时，袁文才的农民自卫军号称1个营，实际上只有1个连，他们平时分散，有事集中。1927年10月中旬，应袁文才的请求，毛泽东派了游雪程等 4 位工农革命军军事骨干到袁文才的队伍中当教官，帮他训练队伍。

袁文才将他的队伍集中在茅坪的步云山白云寺，当时正值初冬时节，教官们不畏严寒，每天坚持与战士们一起进行列队、射击等军事操练。操练之余，教官们还与自卫军战士坐在一起谈心，向他们宣传革命道理，让他们明白为谁打仗，为谁斗争。

为了纯洁队伍，提高战斗力，毛泽东建议袁文才把队伍中一些兵痞子、兵油子等不良分子清除出去，同时吸收一些思想觉悟高的贫苦青年农民到队伍中来。

袁文才接受了毛泽东的建议，从砻市等地招募了一个新连，看着这支年轻、充满战斗力的队伍，袁文才对毛泽东更加心服口服。随后，袁文才也在队伍中建立了党的基层组织和士兵委员会，队伍面貌焕然一新。

毛泽东对步云山练兵一直非常关心。他当时正在洋桥湖搞调查研究，洋桥湖离步云山不远，他经常到步云山练兵场旁的一块磐石上坐下来，一边看书，一边留心察看训练情况。

人物故事

游雪程 游雪程，生于1903年，四川邻水人。1922年考入上海复旦大学，1925年加入中国共产党。1927年7月国共合作破裂后，游雪程与1 700多名学生被改编为国民革命军第二方面军军官教导团，后因身份暴露离团前往江西，追寻革命队伍。同年9月，参加秋收起义，被编入中国工农革命军第一军第一师第一团。三湾改编后，他跟随毛泽东上井冈山，开辟革命根据地。11月，毛泽东派游雪程、徐彦刚和陈伯钧等人到袁文才的部队担任连长、副连长、排长等职，帮助他们练兵，同时培养革命干部。游雪程曾先后担任工农革命军第一军第一师第二团政治部主任，纵队副司令员等职。1930年5月，在率部攻打江西瑞昌城时，不幸中弹牺牲。

有一次，他来到步云山时，正好碰上自卫军战士开饭，听见有发牢骚的声音："训练这么苦，还要吃这么苦的野菜，怎么吃得下去？"

毛泽东听了，什么也没说，直接走到战士中间，亲手舀了一勺野菜放到碗里，津津有味地吃了起来。战士们都很诧异，有一个战士大着胆子问："毛委员，这么苦，你吃得下？"

毛泽东回答："这野菜虽然苦，可是有丰富的营养呢！我们干革命，就要能吃苦，吃大苦。没有今天的苦，哪有明天的甜呢？"战士们听完毛泽东的话，都很受感动，饭前发牢骚的战士也表示，毛委员这样的"大人物"都为革命带头吃苦，我们还有什么苦不能吃呢！一定要吃大苦，练好兵！

此后，"毛委员带头吃苦菜"的消息很快在部队中流传开来，极大地鼓舞了袁文才的部队和广大革命战士，有人还把艰苦的生活编成乐观的歌谣：

红米饭，南瓜汤，秋茄子，味好香，餐餐吃得精打光。

干稻草，软又黄，金丝被儿盖身上，不怕北风和大雪，暖暖和和入梦乡。

经过步云山练兵，袁文才的队伍从上到下，从内到外，都有了明显的提高，战斗力大大加强。袁文才看在眼里，喜在心上。他深有感触地对人们说："毛委员的带兵经验真神，真是'中央之才'，我服了他，这一辈子跟定他了！"

2. 何长工受命

井冈山地区另一支地方武装，是王佐率领的队伍，虽然打的是农民自卫军旗号，劫富济贫，反抗旧势力，但实际上属于地方性的私人封建武装，没有群众观念，流寇思想、游民习气很重。毛泽东决定派留过洋、当过军事部长、有改造洞庭"湖匪"经验的何长工去王佐的部队担任党代表，改造王佐的部队。

1928年1月中旬，何长工完成南昌起义部队的联络任务刚回来，毛泽东就对他说："组织上决定派你上井冈山，去做王佐的工作，怎么样？"何长工问："去多少人？"毛泽东笑笑说："又不是去打架，要许多人干什么！你自己先去做'长工'。等你工作做好了，他愿意革命了，自己提出要派多少人去，我们就派多少人。"

看何长工面有难色，毛泽东继续开导他说："我们党能够推翻整个旧社会，建立新社会，就不能改造这样一

油画《毛泽东在井冈山》，罗工柳 1961 年作

支部队？要想尽一切办法，争取他们，改造他们。把他们争取过来，改造好了，不仅扩大了革命的武装力量，还能为今后改造旧军队摸索出一些经验，创造出一个范例。"

毛泽东的话，坚定了何长工的信念。受命以后，他带着毛泽东写给王佐的亲笔信，背着一个小包袱，迅速赶往王佐的驻地茨坪。

王佐30来岁，个子不高，穿一身直贡缎的黑色短衣，挎一支新式驳壳枪，两条眉毛浓黑，说话时两眼滴溜溜直转。他有一身好武艺，据说有一次十几个敌人把他包围了，他只用一条板凳，左突右闪，就打出了重围，然后摸过一根竹竿，嗖的一声，跳上房顶逃走了。

王佐听说何长工是毛委员派来的，便吩咐手下摆酒接风。宴席上，王佐和他的同伙大碗喝酒，大块吃肉，非常豪气。王佐还盘问了何长工的出身和经历。何长工坦诚相告，王佐很是满意。

刚开始，王佐对何长工戒心很重，把他安置在离司令部1里路之外的一处小屋里，并且派一个"勤务兵"照顾他，不许他到处走动，不许他私下与士兵接触。何长工每天只能吃罢饭，看看书，然后出去散散步，看看山景。他心里十分着急，不知这样下去何时才能完成任务。

有一天，何长工散步时，无意中看到了王佐的母亲，看着老太太和善的面孔，他顿时开了窍。此后，他经常去王佐家，和老太太、王佐的哥哥及王佐的妻子拉家常，并帮他们做些家务活，在聊天中向他们宣传革命道理。老人家很快喜欢上这个外来人，经常在王佐面前夸他："毛委员部队里的人有学问，见识广。"王佐是个孝子，在母亲和家人的影响下，渐渐消除了对何长工的戒心。

何长工还发现，王佐有两个心腹，一个叫刁飞林，一个叫李克昌。他们性情豪爽，重义气，容易接近。何长工就主动与二人聊天谈心，很快赢得了他们的好感。他们也有意无意在王佐面前说些何长工的好话。

就这样过了一段时间，王佐发现上山来的党代表并没有要拆台的意思，疑心慢慢消除殆尽。何长工凭借他当年远渡重洋留学巴黎的阅历和口才，经常向王佐的士兵们灌输无产阶级的思想，士兵们对这位党代表也越来越敬重了。

3. 大陇升编

在取得王佐的信任后，何长工了解到王佐有个劲敌，名叫尹道一。尹道一是井冈山地区 7 个县的反动民团总

人物故事

王佐 王佐又名王云辉，1898年生于井冈山下一个贫苦客籍家庭。他早年丧父，从小跟着叔叔学裁缝，略通武艺，没念过书。1921年，井冈山周围一些破产农民不忍豪绅压迫，揭竿而起，打出"劫富济贫"的旗号，成立了一支绿林武装，头目为朱孔阳。王佐因生活所迫，加入其中。后来，王佐脱离了朱孔阳，拉起了自己的队伍。1928年1月，他率队伍接受改编，并协助毛泽东领导建立了井冈山革命根据地的后方机关和五大哨口，历任第三十二团团长、独立第一团团长等职。1930年2月，王佐被错杀，中华人民共和国成立后获平反昭雪，被追认为烈士。

指挥，著名的恶霸地头蛇。王佐和他打了多年，结下了血海深仇。何长工决定帮王佐消灭尹道一，以便进一步取得王佐的信赖，同时肃清反动民团的力量。

尹道一驻扎在井冈山下的拿山，他手下有300多人，仗着人多势众，向来轻视王佐，每次和王佐打仗，总要穷追一气。何长工根据这一情况，向王佐建议引蛇出洞、聚而歼之，也就是选择一个有利地形，把尹道一引到那儿，打他的埋伏。王佐听后，拍手称妙。

经过仔细研究，他们选择了旗锣坳作为伏击地。旗锣坳位于拿山与茨坪中间，那里山高谷深，地势险峻，便于埋伏。选好设伏点后，他们又制订了详细的行动计划，商定由王佐亲自带领一支人马去拿山诱敌，何长工与刁飞林则率主力埋伏在旗锣坳。

1928 年 2 月的一天凌晨，王佐部队兵分两路，下山依计而行。拂晓时分，枪声在拿山响起，正在睡梦中的尹道一被枪声惊醒，慌忙集合队伍抵抗。两支部队打了一阵后，王佐率部佯装败退，边打边撤。尹道一不知是计，带领民团在后面穷追不舍。中午时分，尹道一追到了旗锣坳，然后命令队伍停下吃饭休息，自己则脱掉衣服，抽起大烟来。

见尹道一进了埋伏圈，早已等候在此的何长工和刁飞林立即下令进攻，一边用密集的火力封死敌人的退路，一边指挥部队猛冲下山。山下的反动民团士兵有的正在吃饭，有的把枪放在一旁正打盹儿，根本没想到有伏兵从天而降，顿时死的死，伤的伤，乱作一团。混战中，尹道一被当场活捉，然后刺死，头也被斩下来带回山上。

消灭了宿敌尹道一，王佐欣喜万分。当天夜里，他大摆宴席，庆祝胜利，席间他喝得酩酊大醉，不时把大拇指伸到何长工面前，连声说："毛委员派来的人，真有办法！"

第二天，王佐还派人抬着尹道一的头颅，到各村镇游行示众，一连热闹了好几天。旗锣坳一战的胜利，彻底折服了王佐。他向何长工表示："从此以后，我王佐跟定了毛委员和共产党，你们说怎么办就怎么办，刀山火海也不含糊！"

何长工则抓住时机，加紧在王佐的队伍中开展政治思想工作，发展党的组织，筹建士兵委员会，教唱革命歌曲等。

不久，王佐提出要扩充队伍。毛泽东和前敌委员会经过认真研究，认为改编袁文才、王佐两支农民革命军的条件已经成熟，决定将两支队伍合编。

1928年2月上旬，在宁冈大陇朱家祠，袁文才、王佐两支农民自卫军正式升编为中国工农革命军第一军第一师第二团。袁文才任团长，王佐为副团长，何长工为党代表。

升编后，前敌委员会又从第一团抽调出了20多名干部，充实到第二团，继续加强政治和军事训练，吸收有觉悟的青年农民参加队伍，把一些"兵油子"送回地方安置，逐步改变了这支队伍的成分。

从此，这支地方武装真正成为共产党领导下的革命队伍。1928年5月4日红四军成立时，这支部队又被编为第三十二团，成为红四军的一部分。

大陇升编，成功地改造了井冈山地区的地方武装，壮大了人民军队的力量，为创建和巩固井冈山革命根据地做出了重要贡献。

第四章

创建根据地

VR融媒党史云课堂
党史学习就在我身边

1. 工农兵政府

在井冈山安家后，毛泽东一直在寻找机会巩固并扩大根据地，建立红色政权。1927 年 11 月，毛泽东根据报纸上的消息分析得出：当前茶陵兵力空虚，于是决定攻打茶陵。

茶陵位于湖南省东部，境内多山，古往今来都是兵家必争之地。为了一战而胜，毛泽东决定派团部、一营和特务连，由团长陈皓和一营党代表宛希先率领，全力攻打茶陵。

11 月 16 日清晨，攻打茶陵的部队在宁冈大陇整装待发。毛泽东的脚伤一直未好，但他还是一瘸一拐地从茅坪赶来，为部队鼓气。他对即将出征的将士们说："同志们，我们经过了一个多月的休养生息，今天就要上前线打仗了！现在茶陵县城空虚，我们就要乘虚而入，来个开门红！本来，我很想跟大家一起去，可是，我要革命，这只脚却不让我革命，我只有在这里预祝你们旗开得胜，凯旋！"

工农革命军踏着初冬的薄霜，一路击溃挨户团的骚扰，于17日晚潜入了与茶陵一水相隔的中瑶。18日凌晨，部分战士化装成卖柴、卖菜的老百姓，混进了茶陵县城。进城后，他们顺利解决了守护城门的敌兵，然后引导城外

历史掌故

挨户团

挨户团也叫挨户团常备队，是第一次国内革命战争时期活跃在湖南农村的一种武装组织。它分常备队和非常备队两部分。常备队使用的武器一般是步枪，非常备队使用的武器主要是梭镖。"挨户"是形容几乎每一户人家都要参加的意思。在1927年大革命失败后，许多地方的"挨户团"被地主利用，变成反革命的武装组织。

茶陵县苏维埃政府旧址

的部队冲进城内。城内的敌人还没明白过来是怎么回事就做了俘虏，湘东清乡司令和伪县长闻风而逃。

但打下茶陵后，团长陈皓等部队领导却只贪图享受，丢下土豪不打，也不开展群众工作，只成立了一个县人民委员会，派曾做过安徽省旌德县县长的谭梓生担任县长，一切按旧政府的老路，升堂审案，征税催粮。茶陵百姓经过县衙门，探探头，看着这个"换汤不换药"的新政府，摇摇头失望而去。有一天，中瑶乡农会送来捕获的转移钱财的劣绅陈老三，交付县人民委员会处理，恰巧被喝得醉醺醺的陈皓撞见。陈皓要他们升堂击鼓，农民干部击鼓后，陈皓将惊堂木一拍，完全一副"县太爷"的架势。当得知陈老三有 190 亩土地时，陈皓反斥责农会干部触犯了陈老三的利益，因为他的土地不够 200 亩，算不得大地主，乐得陈老三叩天谢地。

农会干部对陈皓的指责多有不满，遂向党代表宛希先反映情况，于是宛希先将茶陵的情况写信汇报给了毛泽东。毛泽东接信后，感觉问题很严重，马上回信指示："新的政权不能按国民党那一套搞，要成立工农兵政府，发动群众开展斗争。"

接到指示后，宛希先召集了茶陵县委、总工会、县农会负责人和军队各连党代表开会，宣读了毛泽东的来信，重新讨论茶陵的问题。经过协商，工人、农民、士兵各方推选出了各自的代表组建起工农兵政府，并推选县总工会主席谭震林担任茶陵县工农兵政府主席。

11 月 28 日，湘赣边界第一个红色政权——茶陵县工农兵政府正式成立。"县长公署"的黑漆大匾被换成了

"茶陵县工农兵政府"的牌子。政府发布布告，号召广大工农群众起来革命，建立工农武装，打倒土豪劣绅。

继茶陵之后，遂川、宁冈、永新等地也相继建立起工农兵政府。1928 年 5 月底，在茅坪还成立了湘赣边界工农兵苏维埃政府，下辖茶陵、遂川、宁冈、永新、莲花、酃（líng）县等各县工农兵政府。

2. 赤卫队和暴动队

大革命时期，湖南、江西边界的茶陵、遂川、宁冈、永新、莲花、酃县、吉安等县都成立了地方武装——农民自卫军。"马日事变"后，除了袁文才、王佐所率领的农民自卫军没有损失外，其余各县农民自卫军队员有的被杀，有的躲藏起来，基本上都解散了。他们手中的枪支也被土豪劣绅缴走了，最后只有遂川还保有 6 支枪，莲花仅存 1 支枪。

工农革命军创建井冈山革命根据地后，边界各县的地方武装有了新的发展。除袁文才、王佐的队伍被改编

成正规的工农革命军
外，其余各县都纷纷建
立了县赤卫大队，县以下的区、乡，
建立了赤卫队和暴动队。

暴动队使用的大刀

　　赤卫队和暴动队的成员主要来自边界各县
的男性青壮年，年龄在 25 ～ 45 岁。赤卫队队员的年龄
一般在 25 ～ 35 岁，暴动队队员的年龄在 35 ～ 45 岁。
暴动队使用的武器比较简陋，主要是梭镖、大刀和鸟
铳，赤卫队的武器比暴动队好些，主要是从保安队、
挨户团手中缴获来的枪械。

　　在井冈山根据地初创时期，赤卫队的指挥员一般由
军队派人担任，后来由于战斗频繁，军队减员太多，派
不出人员到赤卫队当指挥员，于是从边界各县选派一些
革命意志坚定的人员到工农革命军军官教导队学习，结
业后回到地方担任赤卫队指挥员。

　　赤卫队和暴动队的主要任务是配合边界各县工农兵
政府打土豪、分田地，镇压反革命。他们平时务农，战
时为兵，他们的主要对手是当地土豪劣绅掌握的保安队、

暴动队使用的
梭镖

靖卫团、挨户团等。此外，他们还经常协助红军进行保
卫井冈山根据地的战斗。

在1928年2月的新城战斗中，协助参加战斗的古
城大江边村暴动队队长文根宗，在宁冈新城西门外的小
沟里，活捉了企图逃跑的反动县长张开阳，立下了大功。
后来，文根宗还担任了宁冈县第一任工农兵政府主席。

1928年7月，乘红军主力冒进湘南之际，湘赣两
省敌军对井冈山根据地进行了"会剿"。当时根据地只
有1个团的红军，他们在永新赤卫队、暴动队的协助下，
依靠数万革命群众，将11个团的敌人围困在永新城附近
达25天之久。

在此期间，国民党一个保安团进驻到永新象形一带。
象形当地的大地主贺渊庭顿时又神气起来，他立即买来
几十条枪，组织了一个靖卫团，自任团长，向革命群众
发起疯狂的反攻倒算。

象形党组织和革命群众并不害怕，他们决定用手中

的枪教训一下贺渊庭。一天晚上，天黑夜深，伸手不见五指。象形暴动队在党支书贺曙光的带领下，从山间潜回村子，由于熟悉地形，很快就悄无声息地摸到了靖卫团的驻地。暴动队队员以迅雷不及掩耳的动作，干掉了敌人的哨兵，闯进一间房内，抓获了几个团丁，缴获了7支步枪和一批子弹。紧接着，暴动队又伏击了刚好从外面喝酒归来的贺渊庭，又缴获了6支枪。

湖南和江西边界各县的赤卫队、暴动队等地方武装，是工农革命军的重要配合力量，他们与正规工农革命军一起，共同担负起了保卫井冈山革命根据地的重任。

3. 三大纪律，八项注意

"三大纪律，八项注意"是人民军队执行群众纪律的一个光荣传统，它是毛泽东在井冈山时期根据具体情况逐步提出的。

1927年秋收起义后，毛泽东率领起义队伍向井冈山进军。由于部队刚建立不久，旧军队的习气还很严重，不服从命令，乱拿老百姓东西的现象时有发生。毛泽东深知人民群众的拥护和支持是革命军队能否生存的关键，所以从一开始就很重视部队的纪律问题。

10月的一天，工农革命军行进到荆竹山时，遇到了王佐派来接应的探水队员。为了部队上山后能与王佐的队伍搞好关系，防止违反群众纪律的事情发生，毛泽东在部队出发前，在荆竹山村前的"雷打石"处向大家讲话。他说：我们就要上井冈山了，要在那里建立革命根据地。大

事实真相

王佐与"探水队" 将伤员和后方机关安顿在茅坪后，毛泽东又率领部队离开茅坪，沿井冈山麓游击。离开时，袁文才特意写了一封给王佐的亲笔信，交给毛泽东以备后用。工农革命军游击到水口镇后，毛泽东派艾成斌携带这封信上井冈山联络王佐。见信后，王佐立即派朱持柳率领"探水队"下山，打听工农革命军情况，并代表他迎接毛委员上山。所谓"探水队"，即侦探队，是王佐专门成立的一个由七八个人组成的小队，专门负责打探四方消息，朱持柳为"探水队"队长。

家一定要和山上的群众搞好关系，要和王佐的部队搞好关系，要做好群众工作，没有群众的支持，根据地是建立不起来的。接着他正式宣布了三项纪律：第一，一切行动听指挥；第二，筹款要归公；第三，不拿老百姓一个红薯。

1928 年 1 月，工农革命军占领了遂川城。部队在纪律方面又出现了新问题。有的借了老百姓的门板不还，有的甚至烧了土豪的房子。这些情况很快被反映到前敌委员会，毛泽东深感不安，觉得有必要做出一些具体的规定，来规范工农革命军全体指战员的行为。于是，他在遂川县李家坪集合了部队，宣布了"六项注意"：一、上门板；二、捆铺草；三、说话和气；四、买卖公平；五、不拉夫，请来夫子要给钱；六、不打人骂人。

3 月下旬，毛泽东率领工农革命军第一师第一团前往桂东一带接应朱德的部队上井冈山。到沙田后，部队也出现了一些侵犯群众利益的事情和烧杀行为：有一次烧土豪的房子时，把旁边老百姓的房子也烧了；打土豪时，把老百姓娶媳妇的新嫁奁误当作土豪财产没收了；把给挨户团队长做过事的木匠也抓了起来；等等。

写在红军战士包袱上的"六项注意"

毛泽东知道后，严厉批评了这种行为。他说："烧房子有什么用？要消灭的是封建剥削思想、反动势力！房子留下来，革命胜利后，还可以用来办学嘛！"为彻底纠正这种现象，他把部队集中起来，正式颁布了"三大纪律，六项注意"。其中，将此前在荆竹山宣布的三大纪律中"不拿老百姓一个红薯"改为"不拿工农一点东西"；将在遂川宣布的六项注意中"不拉夫""不打人骂人"改为"借东西要还""损坏东西要赔"。对于"三大纪律，六项注意"，他还一条一条给大家解释。当讲到"损坏东西要赔"时，他说，损坏老百姓东西一定要赔偿，虽说"打破了旧缸赔新缸，新缸不如旧缸光"，但是，赔总比不赔好。为了便于记忆，部队还编了《红军纪律歌》教广大战士传唱：

> 上门板，捆铺草，房子扫干净。
> 说话要和气，买卖要公平。
> 损坏东西要赔偿，借人东西要还清。

"三大纪律，六项注意"的内容，在后来的革命战争实践中不断被修改和充实。在中央苏区时期，群众对战士们在野外小大便，在河中洗澡意见很大。

根据这一情况，毛泽东又在"六项注意"中增加了两项："洗澡避女人"和"解手找厕所"。后来，又将"不搜俘虏腰包"，代替了"解手找厕所"；"筹款要归公"改为"缴获要归公"；"不拿工农一点东西"改为"不拿群众一针一线"。

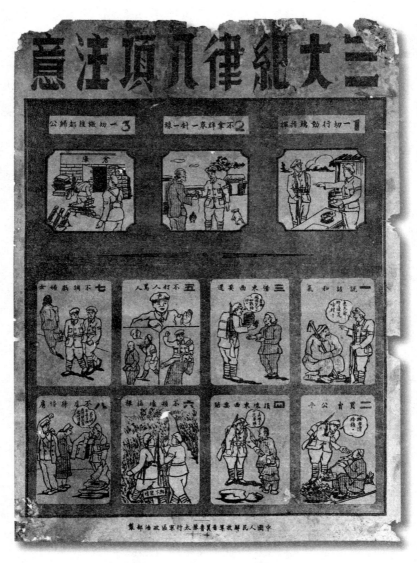

"三大纪律，八项注意"宣传画

　　1947 年 10 月 10 日，根据战争形势需要，中国人民解放军总部重新统一颁布了"三大纪律，八项注意"：

　　三大纪律是：一切行动听指挥；不拿群众一针一线；一切缴获要归公。

　　八项注意是：说话和气，买卖公平，借东西要还，损坏东西要赔，不打人骂人，不损坏庄稼，不调戏妇女，不虐待俘虏。

　　"三大纪律，八项注意"是我党在长期的革命斗争实践中，一步步发展完善而成的，是我党的重要建军原则，是取得革命胜利的基本保证。

第五章

井冈山会师

VR融媒党史云课堂
党史学习就在我身边

1. 湘南暴动

　　1928年年初，朱德率领南昌起义部队余部从广东进入湘南地区。湘南是大革命时期农民运动发展最蓬勃的地区，也是蒋介石叛变革命后白色恐怖最为严重的地区，但湘南人民一刻也没有停止与反动派的斗争，朱德据此决定在这片革命基础良好的地区发动武装暴动。

　　1月8日，朱德、陈毅等与湘南党组织领导同志在湘粤交界的杨家寨召开了联席会议，决定首先在宜章举行暴动。宜章城内没有正规军，只有民团四五百人，但宜章城是座石头城，易守难攻。硬攻，伤亡会很大。如果久攻不下，不仅士气低落，外围的敌人也会赶来增援。因此，会议最后决定利用胡少海的特殊身份智取宜章。

胡少海是宜章县一个大豪绅的儿子，排行第五，人称"五少爷"。他读书时受进步思想影响，背叛了家庭，投身于革命。胡少海曾当过北伐军的营长，大革命失败后，他带领一部分湖南籍士兵离开了部队，隐藏在湘南山区打游击。他的这些经历，宜章还没人知道。

1月11日，胡少海以国民革命军第一四〇团副团长的名义，带领2个连的人马进入宜章县城，宣布该团奉命进驻宜章，自己是来打前站的。宜章县长对这位胡家"五少爷"没有丝毫怀疑，进城的起义军战士顺利地换下了民团的哨兵。

第二天下午，朱德、陈毅率领的主力部队大摇大摆地进入了宜章县城。打着布防的名义，起义军悄悄地包围了县政府、警察局、团防局。当晚，宜章县长聚集了宜章城内的豪绅、官吏，设宴为一四〇团的长官接风洗尘。酒过三巡，朱德突然站起来，举杯掷地，门外全副武装的士兵马上闯进宴会厅，将参加宴会的贪官污吏、

朱德

土豪劣绅团团围住。朱德一拍桌子，大声宣布："我们是工农革命军！我就是朱德！你们这些贪官污吏，平时作威作福，横行乡里，鱼肉人民，反对革命，屠杀工农，十恶不赦，通通扣押起来，听候公审。"

同一时间，陈毅、王尔琢指挥部队迅速解除了警察局、团防局的武装，俘虏警察、团丁400余人。

智取宜章的成功，拉开了湘南暴动的序幕。随后，朱德、陈毅率领工农革命军挥师北上，在各地党组织和工农自卫军的支持配合下，先后攻占了郴县、耒阳、永兴、资兴，并建立了工农兵苏维埃政府和农民协会，展开打土豪、分田地的斗争。受此影响，安仁、桂东、汝城、临武、嘉禾、桂阳、常宁等县农民也纷纷举行暴动，革命风暴遍及湘南20多个县。

在这次暴动中，湘南各县人民在共产党的领导下，以梭镖、大刀等简单武器和少量枪支武装起义，同国民党反动派进行了英勇的斗争，切断了湘粤大道，给国民

人物故事

王尔琢　王尔琢，湖南石门县人，毕业于黄埔军校第一期，为人忠厚，在第二十五师中有"黄埔老大哥"之称，很受敬重。南昌起义时他任第二十五师七十四团参谋长，曾立下"革命不成功，就不剃胡子和头发"的誓言。所以，他当时虽然只有二十几岁，却满面胡须、长发披肩。朱德率领南昌起义剩余的部队转战时，当时师、团两级军官差不多都离队而去，唯有他坚定跟随朱德，并协助其开展中、下级军官的思想工作，是朱德军事上的主要助手。1928年4月，朱德与毛泽东在井冈山会师后，王尔琢任中国工农红军第四军参谋长兼第二十八团团长，其后协助毛泽东、朱德指挥了五斗江、草市坳和龙源口等战斗，为保卫和发展井冈山革命根据地做出了重大贡献。1928年8月25日，在江西崇义思顺墟追击叛徒时，年仅25岁的王尔琢英勇牺牲。

党反动派以沉重打击。但是，这次暴动最后还是失败了。不久，朱德和陈毅率领队伍向井冈山革命根据地转移。

2. "没接到朱德，接到个萧克"

1928年3月中旬，井冈山工农革命军分三路向湘南进发，策应朱德率领的湘南暴动队伍上井冈山。

毛泽东率领工农革命军第一团进入湘南后，得知国民党反动派正调集7个师的兵力，南北夹击，妄图消灭朱德、陈毅率领的队伍。

毛泽东久闻朱德英名，十分敬佩这位在护国讨袁战争中屡立战功的川军旅长，对这位抛弃官位、远涉重洋、寻找救国救民真理的传奇人物心仪已久。他马上下令攻打汝城，牵制敌军，掩护朱德的部队撤退。

4月7日，毛泽东击溃了阻止部队前进的反动地主武装何其朗部。第二天，在汝城县党组织和革命群众的支援配合下，一举攻占了汝城县城。

9日，敌军主力向汝城县压来。这时，南昌起义部

队和湘南农军已从资兴方
向向井冈山革命根据地转
移，毛泽东见掩护目的已
达到，于是下令撤出汝城，
回师井冈山。

陈毅安

一路上，部队昼夜兼
程，行进在莽莽群山中。
当时正是春天，到处一派
鹅黄新绿，青翠欲滴的竹
林在微风中沙沙作响，仿佛在演奏一首自然乐章。当部
队行进到资兴的龙溪洞时，看着战士们因连日行军疲
乏的身影，毛泽东决定在这个一湾碧水环绕而过的美
丽山村休整一两日再走。

部队驻扎后不久，担任警戒任务的一营副营长陈毅
安带着一个挎着盒子枪的年轻人来见毛泽东。"毛委员，
这是宜章碛石独立营副营长萧克，他们暴动后也转移到
了龙溪洞。"陈毅安指着那位年轻人说。

毛泽东上前紧紧握住萧克的手，风趣地说："好哇！

没接到朱德，接到个萧克！"萧克早就听说过毛泽东的大名，此时见到身材伟岸、亲切随和的毛泽东，原本紧张的心情一扫而光。他向毛泽东汇报了自己和部队的情况。

原来，萧克是湖南嘉禾县人，1926年在广东参加了国民革命军，后转到叶挺的部队，担任连政治指导员，并参加了中国共产党。南昌起义失利后，萧克回到嘉禾老家，通过党组织与宜章碛石支部取得了联系。受朱德领导的宜章起义的影响，碛石成立了独立营，萧克任独立营副营长，参加了年关暴动。

暴动胜利后，碛石独立营四处游击，打土豪，分田地，协助各区乡建立起苏维埃政府。后来湘粤敌军调动了好几个师的兵力，南北夹击起义军，独立营与上级失去了联系，在宜章西南山区坚持了2个多月的革命斗争后，迫于形势，只好向东转移，碰巧在龙溪洞遇到了毛泽东率领的工农革命军。

"你们现在还有多少人和枪？"毛泽东问道。

"有600多人，枪只有七八十支，梭镖有300多杆，人们叫我们梭镖营呢!"萧克答道。

"梭镖营?有意思。有梭镖就会有枪的,事物总是由低级到高级发展的嘛!"毛泽东乐观地说。

萧克被毛泽东的情绪感染了,他信誓旦旦地向毛泽东保证:"毛委员,萧克从此跟着你,跟着党,革命到底,永不变心!"

"好!萧克同志,我们一起上山去!"毛泽东豪迈地回答。

不久,毛泽东率领这支队伍,经中村、酃县、沔渡回到宁冈砻市,后来萧克的独立营编入了红四军第二十九团,开始了井冈山"工农武装割据"的伟大斗争。

3. 砻市会师

1928年4月下旬,何长工、袁文才率领的工农革命军第一师第二团在酃县、沔渡与朱德、陈毅率领的主力部队会合后,就先行回到宁冈砻市,广泛发动群众家家腾出打扫得干干净净的房子,并筹集了可供2万人吃半个月的粮食，准备迎接朱德和陈毅率队到来。

几天后，朱德、陈毅率领的部队到达宁冈砻市，住进了龙江书院。龙江书院是清代道光年间修建的一座乡试学府，高大宽敞，共有九井十八厅，前面是清澈见底的龙江河，后面群山环绕。自大革命兴起后，在这里读书的富家子弟都跑回了家，学校早已停办。

两天后，毛泽东带领的工农革命军第一师第一团也回到砻市。刚放下行李，毛泽东就在何长工的带领下，直奔龙江书院。老远就看见书院门前站着一群人，何长工对毛泽东说："站在最前面的那位，就是朱德同志，左边是陈毅同志。"

毛泽东微笑着向他们招手示意。朱德抢前几步，毛泽东也加快了脚步，早早地把手伸了出来。很快，两位巨人的双手便紧紧地握在了一起！两支革命队伍胜利会师了！

握过手，两人转身进了书院，并肩而行，登上文星阁。大家坐定后，毛泽东和朱德互相介绍了双方在座的同志。然后，毛泽东热情介绍了井冈山革命根据地的情

历史掌故

铁 军

以叶挺为团长的国民革命军第四军独立团，是第一次国共合作时期由中国共产党直接领导、以共产党员为骨干力量组建的一支革命武装。在北伐战争中，该团率先从广东出发，战碌田、驱醴陵、克平江，直入中伙铺、奇袭汀泗桥、大战贺胜桥、攻占武昌城，所向披靡，立下了赫赫战功，为国民革命军第四军北伐部队赢得了"铁军"称号，团长叶挺也被誉为"北伐名将"。

况，朱德也谈起了南昌起义部队经过的艰难曲折的斗争历程。

谈着谈着，气氛热烈起来，毛泽东带着祝贺的口吻称赞："这次湘赣两省的敌人竟没有整倒你们！"朱德感激地说："我们转移得快，也全靠你们的掩护。"

毛泽东谦逊地笑笑，热情提议，趁五四纪念日，召开两支队伍会师和组建一支新部队的庆祝大会。大家一致赞同。

在商议这支新部队使用什么番号时，朱德提了一个好建议："我主张用第四军的番号。北伐战争时期，叶挺

井冈山会师地砻市全景

所在的第四军所向披靡，屡建奇功，被誉为'铁军'。我们沿袭第四军的番号，表明我们这支部队决心继承叶挺部队的光荣传统，为中国人民的解放事业再立新功。"

听完朱德的提议，大家一致叫好。事情商定后，其他同志相继告辞而去，最后只剩毛泽东与朱德还留在文星阁，二人进行了第一次促膝长谈。

5月4日，阳光明媚，春意盎然，砻市沉浸在一派喜气之中。龙江河畔的沙洲上，无数面红旗簇拥着一座坚实的高台，高台上方挂着一块红色的横幅，上面写着一排大字："庆祝两军会师和第四军成立大会"。

台下人山人海，有挎着枪、背着大刀的战士；有臂戴红袖章、手拿梭镖的赤卫队员；还有从宁冈各地涌来的人民群众。军民 2 万多人聚在这里隆重集会，热烈庆祝两军胜利会师。

上午 10 时，毛泽东、朱德、陈毅等党政军各界代表登上了主席台。当大会司仪何长工宣布庆祝大会开始后，欢呼声、口号声、鞭炮声、锣鼓声顿时响彻云霄。

随后，大会执行主席陈毅庄严宣布，全体部队改编为中国工农革命军第四军，军长朱德、党代表毛泽东、参谋长王尔琢、士兵委员会主任陈毅。在雷鸣般的掌声中，军长朱德、党代表毛泽东做了热情洋溢的讲话。

最后，部队的文艺骨干登台表演了文艺节目，有二胡独奏、双簧、单人舞，还有花鼓戏、四川小调、宁冈采茶戏、京剧清唱等丰富多彩的节目。大会虽然在下午结束了，但井冈山革命根据地的新局面才刚刚打开。

第六章

五破围攻固战场

VR融媒党史云课堂
党史学习就在我身边

1. 五斗江战斗

"朱毛红军"井冈山会师，令国民党反动派寝食难安。蒋介石妄图将工农革命军扼杀在摇篮里，红军刚刚开完会师大会，他便命令驻扎在江西的第二十七师杨如轩部，进剿井冈山革命根据地。

5月初，盘踞在永新城内的敌人分兵从龙源口、拿山向井冈山进犯。由于敌我悬殊，毛泽东和朱德决定采取声东击西、避敌正面、攻击侧面的战术。

5月上旬，在朱德军长的指挥下，红军二十八团、二十九团奉命带着几天的干粮，从宁冈砻市出发，到达黄坳，佯装进攻遂川，迷惑敌人。敌人慌忙从拿山抽出1个营的兵力到黄坳阻击。

红二十八团在黄坳与敌人相遇后，开了几枪就撤退了。第二天天刚亮，红二十九团按照朱德军长的命令，以迅雷不及掩耳之势，从四面八方冲入敌人的宿营地黄坳。战士们手持梭镖、大刀，如下山猛虎，杀得刚从梦中惊醒的敌人鬼哭狼嚎，丢枪弃弹，四处逃窜。正当红军战士们紧追逃敌时，突然传来了收兵的军号声。收队后，战士们议论纷纷，想不通为什么不乘胜追击，彻底消灭敌人？朱德军长耐心地启发他们，我们的目标是要消灭1个团的敌人，不能因小失大，今天有意放敌人逃回去，是要麻痹敌人，这叫放长线钓大鱼。

黄坳战斗胜利后，红二十九团在朱德军长的带领下，排着长龙似的队伍，沿着崎岖的山路，向五斗江飞奔。朱德军长边走边鼓励战士们：这是井冈山会师、红四军成立以后的第一仗，一定要打出红四军的威风来，这样才能扩大革命影响，鼓舞根据地军民的士气，有利于今后根据地的长期斗争。

二十九团的战士们到达五斗江时，看到正在忙着修筑工事的二十八团，才恍然大悟，原来二十八团在遭遇敌人的先遣营时，虚晃一枪，就连夜赶到五斗江开展战斗准备，等待敌人投入罗网。

　　驻扎在拿山的敌人听到从黄坳跑回来的残兵报告，误以为打黄坳的是梭镖队，不是红军主力，于是决定连夜奔袭五斗江。敌军第八十一团从拿山出发，拂晓时分到达五斗江，闯入了红军的埋伏圈。

　　当时天正下着大雨，道路泥泞，敌人淋得像落水狗一样。他们只顾缩着脖子，低头行进，万万没料到，突然间子弹会从他们的头上、身上、

红军战士在井冈山与敌人搏斗

脚下飞来，顿时队伍大乱。红军战士冒着倾盆大雨，像潮水一样冲下山来，跃过五斗江，把慌乱的敌人截成两股。一时间，枪声、冲锋号声、喊杀声和大雨的哗哗声搅成一片，声如轰雷，震天动地。如梦初醒的敌人，总算意识到中了红军主力的伏击，马上如泄气的皮球，丢下武器，仓皇败退。

五斗江逼退敌人后，朱德军长抓住战机，下达了全歼敌人第八十一团的命令。红军战士个个斗志昂扬，脚下生风，一往无前地向残敌猛追……追了一天一夜，一直追到离永新城七八里的北田，基本上消灭了敌八十一团，只剩几十个残敌狼狈地逃往吉安。当晚，红军占领了永新城，与击溃了另一路进犯根据地敌人的红三十一团会合。

五斗江战斗的胜利，打败了敌人对井冈山的第二次"进剿"，巩固并扩大了井冈山革命根据地。

2. 草市坳战斗

红军占领永新城的消息传到南京后，蒋介石非常震怒，急令湘赣两省"加紧剿匪，不得有误"。1928年5月中旬，装备精良的敌二十七师师长杨如轩，奉命亲自率领4个团，从吉安向永新逼来。

为了全歼来敌，根据毛泽东同志"敌进我退"的游击战术，红四军主动撤出永新，退回宁冈。杨如轩部不费吹灰之力便进入了永新，从而以为红军不堪一击，便洋洋得意地向上级发报告捷，并将师部和许多军需物资从吉安搬到永新，企图一举攻占井冈山革命根据地。

对此，红四军在毛泽东、朱德等人的指挥下，采取了声东击西的战术。为调动敌人，红四军先派遣红三十一团一营佯装攻打茶陵的高陇。在战斗中，因敌强我弱，一营营长不幸牺牲。为迷惑敌人，朱德军长亲自率领红二十八团赶至高陇增援。援兵一到，马上扭转了战斗局面，敌军1个连被歼，缴枪百余支。

高陇激烈的枪声果然迷惑了敌人，敌师长杨如轩以为红军主力已经转移到湖南境内，于是派出2个团的主力从龙源口方向向宁冈进攻，又下令七十九团前往西乡，出击里田、龙田，他本人则随师部和1个特务营坐镇永

事实真相

双重因素 1928 年 5 月中旬，毛泽东率领红四军三十一团一营攻打茶陵县高陇镇，目的除了声东击西、粉碎敌人"会剿"外，还有一个原因是因为谭延闿的家在高陇镇，毛泽东想到他家去找些书报看。谭延闿是清末翰林、国民党元老，当时在南京任国民党中央政府主席。毛泽东曾风趣地说："谭延闿是个聪明的官僚，他在湖南几起几覆，从来不做寡头省长，要做督军兼省长。"毛泽东在井冈山时，虽生活艰苦，战斗频繁，但只要稍有机会，就要找《三国演义》一类的书来看。果真，红军打到谭延闿家后，他们找到了几竹篓的古籍书和报纸，里面恰好有毛泽东要找的《三国演义》。看到这些古籍书和报纸，毛泽东说不出地高兴，连声赞道："拨开云雾见青天，快乐不可言状。"

新城督战。

当敌人的先锋部队抵达龙源口后，毛泽东马上写信给在高陇的朱德，让他率领红二十八团和红三十一团一营火速返回永新。于是红军主力从高陇向东杀了个回马枪，一天急行军 130 里，长途疾奔，于傍晚赶回永新里田，在草市坳一带等候敌人。

参加过井冈山斗争的部分人员合影

　　摸不清红军动向的敌七十九团继续向西进发，当他们大摇大摆地走进草市坳时，做梦也没想到朱德的部队已神速赶到此处，并且布好了伏兵。

　　随着朱德军长一声令下，红军的机枪、步枪一齐发射，打得敌人晕头转向，随即向永新方向逃窜。红军组织密集火力网，将敌人包围在草市坳的大桥头，激战1个多小时，全歼敌七十九团，缴获枪支数百，并当场击毙敌团长刘胡子。

　　草市坳战斗后，红军乘胜向永新挺进。此时，杨如轩正在城内一边听留声机，一边打着麻将。部下向他报告说红军马上就要兵临城下，他压根不信，说："我派刘胡子去了，他们不过是一股小游击队，怕什么，红军来不了！"

临近傍晚，红军攻进县城。听到枪声大作，他才如梦初醒，匆忙换了身便装，在仓皇跳墙逃跑的途中，被一颗呼啸而来的子弹打穿了耳朵，登时吓得瘫软在地，被卫兵架起，才狼狈逃回吉安。

红军第二次占领永新城，消灭了敌人1个营的兵力，缴枪400余支、机枪数挺、迫击炮数门，以及敌人留下的全部辎重。向龙源口方向运动的敌军2个团，得知七十九团被歼，团长毙命，永新失守，师长挂花后，也吓得逃回了吉安。

这次战斗，红军出其不意，攻其不备，声东击西，远道奔袭，消灭了敌军1个团，缴获山炮2门、迫击炮7门和大批枪支弹药，截获银洋20余担，创造了红四军成立后的光辉纪录，打破了敌人对井冈山革命根据地的第三次"进剿"。

3. 龙源口大捷

红军第二次占领永新，令国民党反动派惊恐不安。1928 年 6 月中旬，蒋介石又调集杨池生任师长的第九师 3 个团，加上惨败的杨如轩二十七师 2 个团，从吉安进攻永新，向井冈山革命根据地发动了第四次"进剿"。与此同时，他还调集了湖南的第八军第二师在湘赣边界对红军进行围堵。

面对数倍于己的敌军，红军主动撤离永新城，退回根据地的中心宁冈休整。毛泽东和朱德仔细分析敌情后，认为湖南的敌人战斗力强，不可强攻，只能防守；江西的敌人号称 5 个团，但经过数次打击，对红军有畏惧心理，可集中力量打击永新方向的来犯之敌。

果然不出所料，江西的敌人迫于红军游击战的声威，龟缩在茶陵和永新，不敢贸然出击。为把敌人引出来歼灭，休整后的红军开始佯攻酃县。红军主力在酃县歼敌 1 个团后，旋即返回宁冈。江西的敌军闻讯后，以为红军主力远在湖南，认为有机可乘，企图占领宁冈。

这次，敌人吸取了以前的教训，没有倾巢出动，而是兵分两路：一路由杨如轩为前线指挥，率领 2 个团向老七溪岭进攻；另一路由杨池生的部下率领 1 个团进攻新七溪岭；杨池生担任前敌总指挥，留下 2 个团，坐镇永新城。

侦察到敌人的动向后，红军立即在宁冈新城召开了军事会议，部署歼敌计划。会议决定由毛泽东任总指挥，在新城部署和指挥整个战役；红三十一团一营和二十九团迎击新七溪岭之敌；红二十八团迎击老七溪岭之敌；朱德为前线指挥，率领军部直属队和机枪连、迫击炮连扼守新七溪岭蛤蟆湖；红三十一团三营在湖南和江西的

龙源口

大道上，监视和牵制湖南方面的敌人；红三十二团向遂川、酃县方向佯动，继续迷惑敌人。

6月23日是农历端午节，这天，战斗全面打响。守

历史掌故

江西两只羊

"羊"是"杨"的谐音，指的是江西敌军第九师师长杨池生和二十七师师长杨如轩。杨池生和杨如轩是云南讲武堂的学友，在滇军又是同僚。龙源口战斗失败后，蒋介石严训他们无能，撤了杨池生"湘赣剿匪总指挥"、杨如轩"前线总指挥"之职，把他俩调到南京政府做参事。后来，杨池生做过云南省省政府顾问，杨如轩做过云南省宪兵司令。中华人民共和国成立后，人民政府判了"两只羊"有期徒刑。杨池生1951年保外就医，不久病死。杨如轩一直在狱中服刑。1964年，朱德视察昆明时，杨如轩给朱德写了一封信，要求宽大处理。朱德一看，这是井冈山的老对手嘛！经研究决定，刑期不减，监外执行。不久，"文化大革命"开始，杨如轩被斗得死去活来，又主动要求收监。1973年他再次出狱，被安排在云南省文史馆工作，这期间，他对当年指挥军队"进剿"井冈山的行动表示忏悔，并写了一首诗："四十年前一梦空，无端附逆乱交锋；那堪旗鼓未成列，忽报弹花满市中。"

卫在新七溪岭的红军战士，在敌众我寡的形势下，从清晨一直激战到下午，打退了敌人3次冲锋，守住了制高点。在战斗最激烈的时候，朱德军长亲自提着冲锋枪赶来增援，组织火力把敌人压了下去。

老七溪岭方向，因路途较远，被敌军抢先占领了制高点。红二十八团为夺取制高点，抽调了100多名作战勇敢、有战斗经验的党员和骨干组成"冲锋队"，向敌人阵地发起冲锋，经多次冲锋，激战1个多小时，终于夺取了制高点。

与此同时，埋伏在白口附近山上的红三十二团也以密集的火力攻击白口之敌的前线指挥部。指挥部受到突然袭击，顿时乱了阵脚。红二十八团乘胜直抄龙源口，红三十一团一营和红二十九团立即向敌人出击，龙源口枪声大作。在红军前后夹击下，敌人腹背受击，全线崩溃，缴枪就俘，残敌向永新逃窜。红军乘胜追击，第三次占领永新城。

龙源口大捷是红四军成立以来进行的最大规模、最为激烈的一次战斗。后来，井冈山人民还编了一首歌谣，称颂这次胜利：

五月初五是端阳，七溪岭上摆战场。
不费红军三分力，打败江西两只羊。
真好，真好，快畅，快畅。

龙源口大捷后，红军在毛泽东的领导下，不断总结游击战经验，逐步形成了适应当时情况的游击战基本原则。这就是著名的十六字诀："敌进我退，敌驻我扰，敌疲我打，敌退我追。"

4. 黄洋界上炮声隆

1928 年 8 月下旬，湘赣两省敌人趁红军主力远赴湘南之际，调集 7 个团的兵力，对井冈山革命根据地发动了第二次"会剿"。

当时留守井冈山的只有少量红军和一些伤病号。虽然敌我双方力量对比悬殊，但红军没有被气势汹汹的敌人吓倒。他们决心依靠广大革命群众和险要地形，保卫井冈山革命根据地。

黄洋界是进攻井冈山的要冲之一，海拔 1 300 余米，山高壁峭。因山上时有浮云浓雾，弥漫山腰，白茫茫犹如一片汪洋大海，故又有"汪洋界"之称。黄洋界仅有两条小路与山下的大陇、茅坪相通，因其地形险要，红军在"一人当关，万夫莫开"的黄洋界设立了哨口。

8 月的黄洋界哨口，红军战士和赤卫队员正在紧张地忙碌着，附近的许多群众也纷纷赶来帮忙，军民一齐动手插竹钉、抬石块、扛木头、挖壕沟，做着守山的准备。

30 日清晨，浓雾尚未彻底散去，3 个团的敌军就开始向黄洋界发起进攻。几乎一夜未眠的红军指战员，以及赤卫队、暴动队员们，密切地监视着上山的小路，严阵以待。

3 个团的敌军沿着山间小路，像长蛇一样向前爬行，刚过了竹钉阵，又被横七竖八的竹木挡住去路。敌军骂骂咧咧，好不容易从竹木中钻出来。突然，又一阵滚木礌石呼啸而下，吓得敌人惊恐万状，四处躲藏，偏又踩着了竹钉，惨叫声不绝于耳。气急败坏的敌人叫嚣

红四军宣传科写在墙上的歌谣

着，却不敢前进，于是改用炮轰，炮弹在黄洋界飞落，把许多松树、竹子、草丛引燃了。一时间，黄洋界上硝烟弥漫。

面对敌人的疯狂进攻，红军将士决定以牙还牙。下午4点，抬上来一门刚修好的迫击炮，当时山上只有3发炮弹。第一炮打出去是哑炮，第二炮打出去又没响，最后一发炮弹，正好击中了敌人的指挥所。趁敌人乱作一团之际，红军战士的机枪、步枪、手榴弹一同招呼过去。

与此同时，隐蔽在哨口工事两侧山头的赤卫队、暴动队，一齐点燃了放在煤油桶里的鞭炮。一时间，"炮声"隆隆，杀声震天。"快跑，朱毛回来了！"不知谁喊了一句，不明底细的敌军以为红军主力回来了，吓得魂飞魄散，趁着夜色，逃之夭夭，溜回酃县去了。

得知敌军已经退走，守卫黄洋界哨口的军民们心里乐开了花。他们你一句，我一句，应景编了一曲《空山计》：

我站在黄洋界上观山景，
忽听得山下人马乱纷纷。
举目抬头来观看，
原来是湘赣发来的兵。
一来是，农民斗争少经验；
二来是，28团离开了永新。
你既得宁冈茅坪多侥幸，
为何又来侵占我的五井？
你既来就得把山进，
为何山下扎大营？
你莫左思右想心不定，
我这里内无埋伏外无救兵。
你来，来，来！

井冈山黄洋界哨口

你上得山来我别无敬，
我准备着红米南瓜、南瓜红米，
犒劳你的众三军；
你来，来，来！
请你到井冈山上谈谈革命。

黄洋界保卫战，红军以不足 1 个营的兵力，在赤卫队和根据地群众的密切配合下，凭借黄洋界天险，打退了敌人 3 个团之众的进攻，打破了湘赣两省敌人对井冈山革命根据地的第二次"会剿"。

毛泽东在得知胜利消息后，欣喜之余，填词一首：

西江月·井冈山

山下旌旗在望，山头鼓角相闻。

敌军围困万千重，我自岿然不动。

早已森严壁垒，更加众志成城。

黄洋界上炮声隆，报道敌军宵遁。

5. 坳头垅布袋战

1928 年 9 月底，红四军主力从湘南悄然回到井冈山茨坪。由于部队长途跋涉征战，毛泽东、朱德决定让部队在山上休整数日，再回宁冈。

正在这时，茅坪乡工农兵政府抓到了两个女探子，据交代，她们是驻宁冈新城的敌二十七团营长周宗昌派来刺探军情的。周宗昌妄图趁红军主力未归之际，血洗茅坪。

毛泽东、朱德得知这一情报后，非常重视。茅坪是红军的大本营，是根据地和党政军领导机关所在地，岂能让敌人为所欲为；而周宗昌的营有"尖子营"之称，作战能力很强，从未在红军面前失过手，一向很骄傲。毛泽东、朱德商议后决定，趁此机会，将计就计，智取新城。他们指示茅坪乡政府，故意将两个女探子放走，并做出一些红军大队未归的迹象，诱敌深入，再集中兵力歼灭进犯之敌。

放走敌探后，毛泽东、朱德率领红军主力连夜悄悄回到茅坪，在攀龙书院召开了团以上干部会议，部署具体歼敌方案。红军决定在新城通往茅坪的必经之地坳头坳设下埋伏，全歼敌人。坳头坳是一个狭长的山冲，进口小，中间大，好像一个张开的口袋，而且周围的山头林深树密，非常适合部队隐蔽。

10月1日天未亮，红军部队立即开始行动。朱德率二十八团登上高岭山，担任正面阻击的任务；毛泽东率领三十一团占领侧面的制高点，打击中段的敌人；袁文才率领一部人马绕道坝上，负责截断敌人退路。

被放回的两个女探子不知有诈，回新城后马上向周宗昌报告说茅坪街头没有见到马粪，老百姓家的门板也没有卸下来，也就是说，红军主力还没有返回。周宗昌听后信以为真，大喜过望，以为立功的机会来到。

10月1日一大早，周宗昌集合部队与宁冈挨户团数百人从新城倾巢出动，气势汹汹杀向茅坪。出发前，他还命令每人带上10刀草纸、1瓶煤油，发誓要把茅坪烧光。他根本没想到，红军主力不仅已经回来，而且还在坳头垅张开了"布袋"，正等着他往"袋"里钻呢！

上午9点多，周宗昌的队伍肆无忌惮地走进了坳头垅。充当先锋的挨户团，一进坳头垅便放火烧了垅头的油槽坊，接着又点燃了几处民房。一看没什么动静，走在后面的周宗昌更加相信茅坪没有红军，于是命令部队加速前进。

等敌人的队伍完全进入包围圈后，朱德军长一声令下，顿时，枪声大作，三面火力交织，周宗昌惊呼"上当"，但后悔已来不及。敌军在"布袋"中进退无路，乱成一团，战斗仅半个小时就结束了。

这次战斗，活捉了周宗昌，俘虏了百余名士兵，缴获百十支枪。红军大获全胜，并乘胜收复了宁冈全县。

第七章
掀起土地革命

VR融媒党史云课堂
党史学习就在我身边

1.《宁冈调查》和《永新调查》

1927 年 11 月，工农革命军主力攻打茶陵时，毛泽东因为在秋收起义时落下的脚伤未愈，留在茅坪养伤。虽说是养伤，毛泽东一刻也没闲着，而是利用这段时间进行了一项非常重要的调查研究。

早在求学时期，毛泽东就一把雨伞、一双布鞋，利用假期走乡串寨，搞过社会调查。大革命时期，当农民运动如暴风骤雨般席卷中国广大农村时，国民党右派曾攻击农民运动是"痞子运动""糟得很"；共产党内部也有人不明是非，指责农民运动"过火了""搞糟了"。毛泽东却一头扎到湖南农村，用了 32 天时间，先后走了湘潭、湘乡、衡山、醴陵、长沙等 5 个县，对农民运动进行了一番实地考察，写下了著名的《湖南农民运动考察报告》一文，驳斥了国民党右派对农民运动的种种责难。

上了井冈山，为开辟一条崭新的革命道路，毛泽东又开始了社会调查。他在茅坪的坝上、洋桥湖、马沅一带进行了广泛的社会调查。他主要采取开座谈会或个别访问的方式，亲自口问手写，并同别人进行讨论。在获得了大量的第一手材料后，他将这些材料整理成文，这就是《宁冈调查》。

1928 年 2 月下旬，毛泽东率领工农革命军一个连，来到永新的秋溪一带开展革命活动。在秋溪，毛泽东率领工农革命军除了打土豪、筹款子之外，也没有忘记搞社会调查。他经常找农民谈话，召开各种类型的座谈会、调查会，向农民了解情况，听取农民的意见。他不仅自己带头搞调查，还发动工农革命军干部、战士，分头深入附近的村庄，访贫问苦，搞社会调查。

对那些从未做过调查工作的工农革命军官兵，毛泽

事实真相

《湖南农民运动考察报告》 这份报告写于 1927 年 3 月。当时，为答复党内外对于农民革命斗争的责难，毛泽东到湖南做了 32 天的考察工作，并写就了这篇报告。报告的原文分 8 个部分："农民问题的严重性""组织起来""打倒土豪劣绅，一切权力归农会""'糟得很'和'好得很'""所谓'过分'的问题""所谓'痞子运动'""革命先锋""十四件大事"。在报告中，毛泽东充分肯定了农民在中国民主革命中的伟大作用，明确指出了在农村建立革命政权和农民武装的必要性，科学分析了农民的各个阶层，着重宣传了放手发动群众、组织群众、依靠群众的革命思想。

东还亲自拟订了调查提纲，指导他们从一些具体方面去调查，如：调查当地的地主、富农、中农、贫农的人数；调查各阶层占有土地的情况；调查当地的工价、物价，农产品、土特产品情况；调查当地的地形特点、河流宽窄、深浅、流速；等等。

根据秋溪之行的调查材料，毛泽东又写成了《永新调查》。这两份调查是毛泽东为在井冈山建立革命根据地，以及我党制

油画《毛泽东考察湖南农民运动》，詹建俊 1975 年作

定农村土地革命政策做的基础性工作，但当时并没有引起党内同志的重视。

　　1928 年 6 月，湖南省委派代表来井冈山时，毛泽东曾让秘书将这两个调查材料送给他看。这位代表面对这一本一本叠起来厚厚的写在商人账本上的农村调查，只当作一些故事和情况阅读，翻阅了一天就退了回来。毛泽东见他没有看懂，就失望地把它们收捡起来。

事实真相

人民的队伍 1928年9月，毛泽东从湘南迎回红军大队。在返回井冈山途中，他得知部队由于得不到补给，士兵们太饥饿，吃光了附近一块地里的苞米，就通知部队集合，就地进行群众纪律教育。之后，他亲自在一块竹牌上写下："因为我军肚子饿了，为了充饥，把你的苞米吃光了，违反了纪律，现在把两元钱（光洋）埋在土里，请收下。"

在1929年1月红军离开井冈山的时候，毛泽东将这两份调查材料寄放在山上一个朋友手中，后来由于战乱，不幸遗失。

毛泽东对失掉的调查材料非常惋惜，他后来说："失掉别的任何东西，我不着急，失掉这个调查使我时常念及，永久也不会忘记。"

2. 分田运动

土地是农民的命根子。当时，井冈山地区60%以上的土地，都掌握在地主豪绅手中。他们凭借土地资本，向农民巧取豪夺，是农民贫困的根本原因。创建和巩固农村革命根据地，就要开展土地革命运动，让土地回到农民手中，实现耕者有其田。

工农革命军在井冈山安家后，随即开展了一系列的土地革命的试点工作。1927年冬，毛泽东曾派弟弟毛泽覃在宁冈大陇乔林村进行过土地革命的一些探索；1928年3月，工农革命军前往湘南策应湘南暴动时，毛泽东在酃县中村和桂东的沙田村领导当地农民进行了"插牌分田"。5月，红四军二占永新后，毛泽东又在永新西乡的塘边一带，着手进行边界土地革命的试点工作，他制定了"分田临时纲领十七条"，在永新西乡开展了分田运动。

5月20日，中共湘赣边界特委成立后，根据地掀起了分田分地的高潮。谭震林出任边界政府的土地部长，受命起草了分田的规定：第一，各县、区、乡普遍成立土地委员会，具体领导分田运动；第二，按照中央的文件和指示，没收一切土地，以乡为单位，按人口平均分配；第三，抽调一批军队同志帮助地方分田。

规定下发后，各级土地委员会应运而生，开展了轰轰烈烈的分田运动。白天，土地委员会的干部一家一户地丈量土地，登记人口，然后汇总；夜晚，又在灯火下将各家各户原有田数、进出多少算好。随后，他们张出红榜，在田头插上牌子，写上名字、数量，这田就归该人了。

穷苦农民分到了土地，一个个扬眉吐气。但也有人担忧，万一红军打不过国军怎么办？分到的土地是不是还会被抢回去？针对这种担心，毛泽东指示协助分田的干部、战士，一定要向群众讲清楚，只要工农群众和红军紧紧连在一起，万众一心，就什么也不怕！红军是一定能够保护穷人的利益的！听到红军郑重的保证后，穷苦农民就像吃了一颗定心丸。

一波未平，一波又起。许多地方纷纷反映：一些地方隐瞒好田和延宕分田；一些富农主张合耕；还有居住在边远山区的客籍山民，要求以区为单位分田；等等。对于这些问题，毛泽东经过认真调查研究，认为客籍山民的要求不是没有道理，他们所占之田，大都在边远山区，又少又贫瘠，以乡为单位分田很吃亏。经过反复思考，他决定从实际出发，部分地区的土地以区为单位，重新分配。对于那些隐瞒好田、延宕分田的地主豪绅，一律严厉打击，绝不容情。对于一些富农主张合耕的意见，则进行必要的抵制和解释。

矛盾解决了，隐患消除了。分到土地的穷苦农民，迸发出空前的热情，终日在土地上辛勤劳作，种出的每一穗稻谷都沉甸甸的。1928 年秋天，根据地获得了农业大丰收。为感谢红军，支援革命，根据地农民纷纷踊跃缴纳公粮。宁冈县有个农民叫邱德法，以前租种地主的田，每年还租后都所剩无几，吃了上顿愁下顿。土地革命后，分到了 10 多亩田，秋收获得谷子 3 500 多斤，他交完土地税后，又多交了 1 000 斤，超过规定 42%！

3. 《井冈山土地法》

井冈山革命根据地的土地革命，在经过近一年时间的探索实践后，取得了很大的成功，为湘赣边界的武装斗争和根据地建设奠定了深厚的根基。但是，这一成果很快受到了严峻考验。

1928 年 8 月，由于红军主力远征湘南，边界的县城和平原地区，又被敌人占领了。当地的土豪劣绅、"还乡团"趁机反扑，对革命群众进行疯狂报复。他们不仅到处杀人放火，而且夺走了农民已分到的田地。边界各地出现了"农民种田，地主割谷"的现象，严重破坏了土地革命的成果。

事实真相

远征湘南　"朱毛会师"后，井冈山革命发展形势一片大好。1928 年 6 月，湖南省委给边界特委和红四军军委发来信件，命令朱毛红军向湖南的郴州地区发展，并派杨开明来边界代理毛泽东任特委书记。毛泽东认为湖南省委这个决定不妥当，并以军委、特委的名义向湖南省委写了不宜将主力红军拉去攻打湘南的报告。在尚未接到答复时，湖南省委代表杜修经便利用红四军二十九团（前身为湘南农军）想打回老家去的思想，强行把二十八团、二十九团从湖南酃县调去攻打湘南的中心城市——郴州。结果，红军损失一半，其中二十九团仅剩 100 余人。远在永新的毛泽东听到消息后，马上率领 1 个营亲自去湘南将剩下的 1 个多团接回了井冈山。

所幸的是，不久后，毛泽东、朱德、陈毅率领红四军由湘南回到边界，收复了大部分失地，把被地主豪绅夺去的土地又重新夺了回来。

为巩固土地革命的成果，1928 年 10 月，在湘赣边界我党的第二次代表大会上，边界党组织制定了《井冈山土地法》。此后，经过 2 个月的讨论和修改，同年 12 月，《井冈山土地法》以湘赣边界工农兵苏维埃政府的名义正式颁布。

《井冈山土地法》共有 9 大项，有以下主要规定。

"没收一切土地归苏维埃政府所有"。

"一切土地，经苏维埃政府没收并分配后，禁止买卖"。

"分配土地的数量标准:（1）以人口为标准，男女老幼平均分配;（2）以劳动力为标准，能劳动者比不能劳动者多分土地一倍"。

"分配土地的区域标准:（1）以乡为单位分配;（2）以几乡为单位分配;（3）以区为单位分配"。

此外，还规定了山林分配法、土地税征收法等等。

土地法

（一九二八年十二月製，在井冈山）

（一）没收一切土地归縣蘇維埃政府所有，用下列三種方法分配之：1、分配農民個別耕種；2、分配農民共同耕種；3、由縣蘇維埃政府組織模範農場耕種。

以上三種方法，以第一種為主體。遇特別情形，或蘇維埃政府有力時，惧用二三兩種。

（二）一俟土地，經蘇維埃政府沒收並分配後，禁止買賣。

（三）分配土地之標準，除老幼殘病沒有耕種能力及服公衆勤務者以外。其餘的人均須強制勞動。

（四）分配土地的數量標準：

（五）以人口為標準，男女老幼平均分配。（2）以勞動力為標準，能勞動者不

《井冈山土地法》

　　《井冈山土地法》的条文不多，内容也不繁杂，但具体、实用，而且体现了"一切从实际出发"的精神。在土地分配的数量标准、区域标准、土地税的征收等几个重大政策问题上，都区分了几种不同的情况，提出了不同的政策措施。

　　《井冈山土地法》颁布后，边界人民革命热情高涨。他们看到了革命的前途和自身的利益，有了一种当家作主的责任感。他们踊跃报名参军，积极缴纳公粮，支援革命战争。一时间，根据地内到处可见母送子、妻送郎上前线当红军，送鞋送粮、慰劳红军、支援前线的动人场景。

第八章

艰苦岁月

VR融媒党史云课堂
党史学习就在我身边

1. 八角楼的灯光

八角楼是毛泽东在茅坪的固定住所，因为楼顶有一个采光的三层八角形天窗而得名。它的主人原来是一位德高望重的老中医，与袁文才是忘年之交。1927年10月，袁文才将毛泽东和工农革命军迎到茅坪时，为方便调养脚伤，袁文才将毛泽东的住所安排在了老中医家的楼上。

工农红军在井冈山会师后，老中医将这幢屋子全部让出来，给朱德夫妇和前委工作人员居住，自己一家搬进了旁边的老屋中。

　　八角楼是毛泽东、朱德在井冈山时期居住时间最长的住所。在这里，毛泽东经常与朱德、陈毅、谭震林、袁文才等人一起商议工作，或者请当地的党员干部和红军官兵召开座谈会，再或者彻夜批改文件、写作文章。

　　进入 1928 年以后，敌人加剧了对根据地的军事进剿和经济封锁。一时间，服装弹药、粮米油盐药等物资的供给都发生了极大困难。特别是油，煮菜要油，点灯要油，擦枪要油……可是敌人封锁得紧，油进不了山，而山上自产的油非常有限。偶尔部队下山活动打土豪搞到点油，像得了宝贝似的。

　　为节约用油，毛泽东向部队颁布了点灯用油的规定：营、团以上办公时用 1 盏灯，可点 3 根灯芯，不办公时应将灯熄灭；连队办公、带班、查哨只准点 1 根灯芯。

　　此后，在井冈山上，全军都严格执行这一规

《中国的红色政权为什么能够存在？》

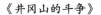

《井冈山的斗争》

定。一到夜间，熄灯号"嘀嘀哒哒"一吹，战士们就都吹熄了灯，只有连部的1盏灯，1根灯芯在亮着。

在严格要求部队的同时，毛泽东自己也严守这一规定。他每天都要工作到深夜，批阅文件、撰写文章都离不开油灯。按规定，他可以用3根灯芯，可毛泽东为了省油，除开会外，平时总是只点1根灯芯，别人怎么劝也无济于事。

1928年10月，湘赣边界党的第二次代表大会就要召开了，毛泽东等几位主要领导人聚在八角楼，开始研究大会方案和具体时间。因为白天事情多，心也静不下来，大会的政治报告只能在晚上写。

每当夜幕降临，毛泽东的夫人贺子珍就点亮青油灯，在砚台里磨好墨，然后坐在床沿陪伴丈夫写作。井冈山初冬的夜晚，格外清冷，尤其到了深夜，雾凝露生，寒气袭击着沉湎于写作的毛泽东。

　　陪伴在一旁的贺子珍不知不觉打了个盹，醒来后，感觉屋内冷飕飕的。看着只穿了两层单衣，在一根灯芯的微光下奋笔疾书的丈夫，她默默地拿起床上的薄线毯轻轻地披在毛泽东身上。"工农武装割据"的光辉思想，就是在这样的几个夜晚思考并提出的。

　　八角楼的灯光，通常是亮到半夜过后，或快要天明。毛泽东就是在那一盏摇曳的豆油灯下，写出了《中国的

茅坪八角楼

人物故事

贺氏三兄妹　贺子珍是江西永新人，她与哥哥贺敏学、妹妹贺怡都是中共党员，1927 年还同时当选为中共永新县委委员，是永新著名的"贺氏三兄妹"。贺敏学后来成为红军将领，1953 年，毛泽东称赞贺敏学有"三个第一"：武装暴动第一，上井冈山第一，在解放战争中渡过长江第一。贺子珍和妹妹贺怡也是巾帼英雄。贺子珍是永新第一位妇女部长，与毛泽东结婚后，长期担任毛泽东的秘书，负责收集报纸、提供资料、保管文件、整理记录、抄写书稿等工作。贺怡是毛泽覃烈士的夫人，曾被捕入狱，备受酷刑，誓死保守党的机密。获释后她转抵延安，1949 年 11 月 21 日因车祸殉职。

红色政权为什么能够存在？》和《井冈山的斗争》等许多中国革命的重要文章，指导着井冈山的革命斗争。

2.红军医院

　　1927 年 10 月，工农革命军进驻宁冈茅坪后，为保证部队的战斗力，在茅坪的攀龙书院建立了井冈山革命根据地的第一所医院——茅坪后方医院，后称红军医院。医院刚建立时只有 3 个医生（2 个中医，1 个西医），加上卫生队的担架人员共 20 多人。

医院设备简陋，药材奇缺，连给伤员清洗伤口的盐水都很少。在当地群众的支持下，红军医院自己培训医务人员，自己上山挖草药，学习民间验方，自制中药，用竹木品自制医疗器材，克服了重重困难，使许多伤员及时得到医治，恢复了健康。医院还免费为贫困农民治病。毛泽东、朱德等工农革命军领导人不仅从政治上指导红军医院的开办，在生活上也非常关心伤员，经常看望伤病员，常把群众送给他们的东西转送给伤病员，勉励他们好好养伤，恢复健康，重返前线，英勇杀敌。

1928 年 5 月，七溪岭战斗后，不少伤病员被送到了红军医院。一天上午，朱德军长又来到红军医院，他一边同伤员们一一握手，一边向身旁的医生询问着伤员的病情。

来到一张病床前，朱德军长亲切地问："小同志，腿上的伤口好些没有？"这个伤员是几天前在七溪岭战斗中负伤的，当时还是朱德军长亲自把他扶上担架，派人送到医院来的。

躺在床上的伤员，见朱德军长还能认出自己，非常感动。他一边挣扎着要从床上爬起来，一边回答："好了！好了！用了您带来的药，我腿上的子弹取出来了，下一次战斗，我就可以参加了！"

红军医院

历史掌故

茅坪后方医院

秋收起义后，伤病员不断增加，因部队一直处于流动状态，伤病员只能随军行动，这既不能为伤病员提供好的治疗环境，又牵扯了部队较多人力与精力。安置伤病员因此成为刻不容缓之事。工农革命军进驻茅坪后，在当地党组织和袁文才的帮助下，迅速创办了茅坪后方医院。医院首任院长为曹嵘，党代表为赵发仲。刚建院时，全院只有中医赖干华、陈金与西医吴鹏飞，后来又加入了赖章达、黄少古、谢贻阶3位中医。因西药、中草药材均很缺乏，医院经常组织医务人员和附近的群众上山采药。采药时，先由懂行的人采个标本，然后大家照着样子采。当时井冈山可供采集的草药有70多种，普通伤病均能用中草药治愈。

说到那瓶药，朱德军长说："那是一种腐烂的药，老百姓叫它是'烂药'。用这种药加重了你们的痛苦，我心里很难过。"

旁边的医生急忙插嘴说："不！眼前由于敌人的封锁，我们缺药，不能开刀，伤员们身上的子弹没法取出来。用您带来的药擦在伤员的伤口上，一来可以防止伤口化脓，二来可以把伤口稍为烂大一点，子弹就可以取出来了，这不是加重了伤员的痛苦，而是减轻了痛苦。"

那位伤员也说："药不错，效果很好。"

这时，一位昏迷中的伤员正在说胡话："开水！开水！"朱德军长赶忙提起壶倒了一碗开水，轻轻地说："同志，请喝开水吧！"那位伤员猛地清醒了，睁眼一看，一个人正俯身在他旁边说话呢。这人一张阔脸，一对浓眉，这不是朱德军长吗！

"朱军长，您……"伤员抓住朱德的手，急切地想说什么，可身上的伤口一阵钻心地疼痛使他没能说下去。朱德军长心痛地看了看伤员的伤口，转身问医生："那瓶'烂药'还有么？这伤口能不能用？"

"用了，用了，我已经给他擦了一次，等他伤口烂大一点，就能取出子弹，就不会痛了。"医生马上回答。那位伤员强忍着疼痛，急忙说："我的伤口不要紧，这个药留给其他伤员同志用吧！"

多么坚强的战士，多么崇高的境界！现场所有的人都被深深感动了。

3. 挑粮运动

1928 年，为粉碎敌人的"围剿"，保卫井冈山革命根据地，红军战士除了要加固山上五大哨口的工事之外，还要储备足够的粮食。井冈山上产粮有限，光供给山上的群众还不够，而红军部队人多，要吃粮存粮，都得下山到宁冈去挑。因此，在井冈山上的那些日子，红军在"艰难奋战"的口号下，掀起了一个轰轰烈烈的挑粮运动。

从井冈山上的茨坪到山下宁冈的茅坪，上下足有五六十里路，而且都是崎岖山道，陡峭难行。中间还要翻越一座上七里下八里的天险黄洋界，平日就是空着手走，也会让人累得喘不过气来，何况挑粮上山！

每到挑粮的那天，战士们天一亮就出发，赶到山下装粮的地点，有的用箩筐担，有的用口袋背。装粮工具不够，有的战士索性脱下条裤子，把裤腿扎紧，满满地装上两裤腿，往肩上一搭。就这样挑的挑、背的背、搭的搭，翻山过岭，战士们直到天黑才回到山上。

在挑粮运动中，朱德、毛泽东也身先士卒，和井冈山军民一道，爬山越岭，一天往返100多里，从宁冈挑粮上井冈山。

那时，朱德军长已经40多岁了，在红军中算是"高龄"了。他身为军长，平时工作很忙。大伙都劝他不要参加挑粮了，但他坚持要去，谁也说服不了他。

每次挑粮时，一般身强力壮的红军战士都是挑三四十斤，朱德的年岁大，理应挑得更少些。但朱德军长每次挑粮时，担子的一头是行军时背米的3条白布米袋，另一头是1个用粗布缝制的米袋，两头加起来就有40斤，再加上他经常佩带的驳壳枪和1条装有百余发子弹的皮子弹袋，总共有四十六七斤。

战士们见状，生怕累坏了军长，但劝他也没用，只好把他的扁担拿走，偷偷藏起来。他们以为这样一来朱德军长就不能再挑粮，可以休息了。没想到的是，朱德又找来竹子，自己动手重新削好一根新扁担，并且在扁担上写上"朱德的扁担"5个大字。

油画《挑粮路上》，邓澍、侯一民 1977 年作

　　从此，朱德军长的扁担再也没有人"偷"了，而战士们挑粮的劲头也更高了。他们还编了一首歌谣："朱德挑谷上坳，粮食绝对可靠；大家齐心合力，粉碎敌人围剿。"每当挑粮爬山累了的时候，大家就唱响这首歌谣互相鼓劲、打气，顿时把累和苦甩到了九霄云外。

　　毛委员与朱德军长一样，虽然工作非常繁忙，也经常和战士们一起，不顾日晒雨淋，背粮上山。有一次，战士们看到背着满满一袋粮食的毛委员走在前头，汗水浸湿了他的衣裳，大家争着抢上去要替他背。毛委员一手护住米袋，一手擦汗，笑着说："你们背得够多了，我能行，别替我担心。"

上了黄洋界后，毛委员才和战士们一道坐在五里横排的树下休息。他一边休息，一边与战士们聊天、谈心，鼓舞战士们的革命信念。

1965年7月，著名文学家郭沫若上井冈山时，曾写过一首《井冈山巡礼·黄洋界》，歌颂朱德、毛泽东率领红军挑粮：

雄关如铁旌旗壮，小径挑粮领袖忙。
五里横排遗槲树，千秋蔽芾胜甘棠。